私たちはどう働くべきか

池上彰 著

徳間書店

あなたはどんな働き方をしたいのか——はじめに

新型コロナウイルスの感染拡大は、私たちの生活に大きな影響を与えました。２０２０年10月上旬の段階で、コロナが原因で失業した人が６万人を超えています。失業者はさらに増える勢いです。

日本経済の指標になるＧＤＰ（国内総生産）も大幅な落ち込みを見せています。「これから自分の仕事はどうなるんだろう」と不安を抱えている人が大勢いるのです。

また、仕事がなくなる心配のない人たちの中にも、在宅勤務が続いて、職場の仲間と顔を合わせる機会が激減したことを嘆いている人がいます。職場の仲間が何をしているかわからないまま仕事をしていると、孤独が募ります。満員電車に揺られて出勤しなくなってよかったと思う反面、仲間が恋しくなります。

人間は「社会的動物」と呼ばれます。たったひとりでは生きていけません。多くの人と一緒に仕事をしたり、仲間から「頑張っているね」と声をかけられたりすることで生きがいを感じるのです。リモートワークでは、それもままなりません。

ひとりで仕事に没頭していても、それで能率が上がるとは限りません。

こうなると、そもそも「働く」とは何だろうと考える人が増えたようです。あなたは、どんな働き方をしたいですか?

「働くことの意味を考えてもらう本を出しましょう」と徳間書店の編集者に声をかけられ、どんな内容にするか検討した結果、中学校で「働く」ことについて私が授業し、その内容をベースにして本を作ることになりました。

そこで選ばれたのが東京の立川市立立川第五中学校の2年生の皆さんです。2019年11月、この学校で公開授業を実施しました。生徒さんたちには事前に「君たちの親あるいは周りの大人に、どんな気持ちで働いているかを聞いておいて」と頼みました。その結果は本文の中に出てきますが、みんな真剣に職業を選び、誇りを持って働いていることに感銘を受けた生徒も多かったようです。

公開授業をした頃は、新型コロナウイルスは影も形もなかったので、その後、本にまとめるに当たって、コロナで働き方がどのように変わるだろうかという視点を盛り込みました。

「どんな働き方をすればいいだろうか」という観点から、この本をお読みいただけると幸いです。

目次

私たちはどう働くべきか

池上彰

第4章 働く義務と権利 59

第5章

働き方改革の論点

第6章

AI時代の働き方

第7章

令和時代の働き方

第9章 働き方は生き方

第1章

大きく変わるポスト・コロナの働き方

「働き方」が大きく変わった

新型コロナウイルスの感染拡大で、自粛が続きました。学校も休校になりました。あの間、あなたはどんな生活をしていましたか。

学校のあり方も、これから変わるでしょうが、まずは日本社会の働き方が激変しました。大企業の経営者も働き方が変わったそうです。日経新聞電子版5月18日付に、次のような記事が出ていました。

〈三菱ケミカルホールディングスの小林喜光会長は4月7日の緊急事態宣言の直後から1カ月以上、東京・丸の内の本社に寄りつかなかった。

決算取締役会から自身が議長を務める政府の規制改革推進会議まで、すべて自宅の書斎からリモートで参加し、仕事は円滑に進んだ。聞いていればよいだけの会議は「家の近くの武蔵野の森を散策しながら、スマホ経由でやりとりに耳を傾けた」という。

これまでのビジネス人生で経験したことのない解放感を味わい、もう元には戻れないと実感する日々だ。コロナ禍にも様々な断面がある〉

また、ある経営者は、それまで平日は接待をしたりされたりで、自宅で夕食を食べることはほとんどなく、土日は接待ゴルフだったそうです。それが一瞬にして変わり、毎日家で食事をするようになり、自分の働き方や生き方を見直すようになったそうです。

新型コロナウイルスの感染拡大は多数の悲劇を生みましたが、その一方で、多くの人に、自分の生き方を考えるチャンスを与えたようです。

命の危険を冒して出勤する？

緊急事態宣言が出されたあと、多くの会社員は自宅待機しながら仕事をしていましたが、電車に乗って出勤せざるをえない人もいました。その中には「会社でハンコをもらわなければならないから」という人もいたのですね。今の日本社会で、いかに印鑑の文化が根づいているかを痛感させられるエピソードでした。

「電車で通勤しているうちに感染するかもしれない。感染して重症化したらどうしよう」

こんな不安を抱えながら働きに出る。命の危険を冒してまで出勤しなければならない仕事とは、何でしょうか。そんなものが存在するのでしょうか。

この時、企業によって社員への態度が大きく異なりました。「社員の健康と安全が第一だから、仕事に影響が出てもいい。とにかく家にいて」と社員に呼びかけた会社もありました。

その一方で、「どんなことがあっても出社しろ」という態度のところもありました。社員と企業の儲けと、どちらが大切なのか。こんな時、会社の本性が見えてしまいますね。

医療従事者の使命感

しかし、こんな大変な時期に、自分を危険にさらしてまで働き続ける人たちがいました。医療従事者の人たちです。

今回の感染拡大では、院内感染で多くの医療従事者が危険な目に遭いました。医療用マスクや防護服がなくても、そこに苦しんでいる患者がいるのだから、なんとしても助ける。そのために自分も感染し、死の淵をさまよった人たちがいるのです。

その多くの人が回復したら再び医療現場に戻っています。この使命感。

こんな医療従事者の姿を見て、感動した人も多いことでしょう。「よし、自分も将来、医療従事者になろう」と決意した人もいるでしょう。その一方で、「とてもあんなことは自分にはできない」と尻込みした人もいるかもしれません。「働く」とは、どういうことか。改めて考える機会になったはずです。

エッセンシャルワーカーの仕事

今回の自粛期間中、「エッセンシャルワーカー」という言葉を聞いた人もいるのではないでしょうか。「絶対に必要な労働者」という意味です。これはアメリカで使われだした言葉です。多くの会社員が自宅待機する中で、医療や介護、清掃、商店など人々の暮らしになくてはならない仕事に従事する人たちのことを、こう呼びました。感染の危険を冒しても働きに出なくてはならない人たち。でも、この人たちの働きがなければ、私たちの暮らしは成り立たない、というわけです。

たとえばドイツのメルケル首相は3月18日の国民向けメッセージで、次のように語りました。

「この機会に何よりもまず、医師、看護師、あるいはそのほかの役割を担い、医療機関をはじめ我が国の医療体制で活動してくださっている皆さんに呼びかけたいと思います。皆さんは、この闘いの最前線に立ち、誰よりも先に患者さんと向き合い、感染がいかに重症化しうるかも目の当たりにされています。そして来る日も来る日もご自身の仕事を引き受け、人々のために働いておられます。皆さんが果たされる貢献はとてつもなく大きなものであり、その働きに心より御礼を申し上げます」

ここまでは、誰でも言うことでしょう。でも、メルケル首相のメッセージが感動を呼んだのは、次の言葉があったからです。

「さてここで、感謝される機会が日頃あまりにも少ない方々にも、謝意を述べたいと思います。スーパーのレジ係や商品棚の補充担当として働く皆さんは、現下の状況において最も大変な仕事のひとつを担っています。皆さんが、人々のために働いてくださり、社会生活の機能を維持してくださっていることに、感謝を申し上げます」（いずれも駐日ドイツ大使館訳）

これぞエッセンシャルワーカーです。スーパーマーケットで働いている人たちは、さぞかし励まされたことでしょう。

エッセンシャルワーカーに関しては、私にも経験があります。今回の感染拡大に関して、テレビで「感染症との戦いの歴史」を取り上げ、「白衣の天使」と呼ばれるナイチンゲールの仕事を紹介しました。ナイチンゲールはクリミア戦争での傷病兵の看護のために現地の病院に派遣されましたが、「女の来るところではない」と軍の将校や軍医たちに相手にされませんでした。そこで彼女は、トイレ掃除から始めたのです。トイレを掃除し、病室を清潔にし、窓を開けて換気をする。ベッドのシーツを取り換える。今なら当たり前のことばかりだったのですが、こうした地道な仕事をすることで、入院患者の致死率を劇的に下げることに成功したのです。

この放送後、私が出演した番組のキャスターが、テレビ局の中のトイレで、トイレ掃除をしていた女性から声をかけられたそうです。「トイレ掃除がいかに大事な仕事かを放送で取り上げていただき、自分の仕事に誇りを持てました」と。

私たちの暮らしは、こういう人たちによって成り立っている。そして、その人たちが誇りを持って働ける。「働く」とは、どういうことか。ここでも考える機会を与えられました。

失業者が激増した

今回の感染拡大で、世界中で失業者が激増しました。感染を恐れて多くの人が自宅にいるようになったため、飲食店にお客が来なくなりました。外出する必要がなければ、スーツやジャケットなど仕事用のフォーマルな服を買う必要もありません。デパートをはじめアパレル産業も大打撃です。こういう人たちが、一斉に職を失ったのです。

世界経済を引っ張るアメリカも深刻です。4月の失業率は14・7%に達しました。7人に1人は失業者になったのです。その後、7月になって10・2%と、失業率は少し改善しましたが、依然として高い水準です。

日本の場合も、パートやアルバイト、派遣社員が大量に仕事を失いました。特に派遣社員は、派遣会社に登録して指示された場所で働きますから、働いている会社と契約をしているわけではありません。その会社から「派遣会社との契約は今月で終わりですから」と言われたら、それでおしまい。仕事を失うのです。

工場で働いている派遣労働者の場合、工場がアパートを用意してくれていることが多いのですが、仕事がなくなれば、アパートからも「お引き取りください」と言われ、住む場所まで失ってしまいます。

パートやアルバイト、派遣社員は、自由な働き方ができていいと考える人もいますが、いったん景気が悪くなると失業してしまうという、不安定な仕事であることを再認識した人もいることでしょう。

「自由に働ける」ということは、「仕事が簡単になくなってしまう」というリスクと隣り合わせなのです。

就活中の学生を直撃

就職は、その時々の景気によっても左右されます。景気のいい時には、高校生や大学生の就職も好調ですが、いったん景気が悪くなると、就職できる会社は激減します。

実に不公平です。

２００８年に起きたリーマン・ショックでは、多くの企業が新規採用を取りやめました。「就職氷河期」と呼ばれました。その結果、正規社員になることができず、いわゆる「非正規労働者」になりました。

今回も、ＡＮＡやＪＡＬなど航空会社が一斉に採用活動を中止しました。旅行業界も観光業界も採用を一斉に見合わせています。この世界に憧れて準備をしてきた学生たちの失望を思うと、言葉もありません。この人たちは、将来「コロナ世代」と呼ばれることになるかもしれません。

在宅勤務が定着へ

でも、悪いことばかりではありません。今回の感染拡大をきっかけに、在宅勤務がごく一般的になったからです。

実は政府は２０１３年に「２０２０年までに世界最高水準のＩＴ利活用社会を実現

する」と閣議決定していました。「利活用」という言葉は一般的ではありませんが、利用し活用するという意味です。

しかし、「世界最高水準」など及びもつきません。今回は特定給付金の申請が、ネットでの申請より郵送のほうが早いなど、日本社会のＩＴ化がいかに遅れていたかが明らかになってしまいましたね。

でも、政府の公約が、ひとつだけ実現しそうです。それが、「２０２０年にはテレワーク導入企業を２０１２年度比で3倍にする」というものです。公約時点の２０１２年度で、テレワークを導入していた企業は11・5％にとどまっていましたから、今回は期せずして目標を達成したことになるでしょう。

テレワークだとかリモートワークだとか在宅勤務だとか、表現はいろいろですが、内容は同じこと。わざわざ会社に行かなくても、テレ（遠く）、リモート（離れた）場所でワーク（働く）ことができるという意味です。自宅でネットを使って仕事ができるようになった企業が激増したのです。

これは世界でも同じこと。この際だからすべてリモートワークで済ませるようにしようかという企業が欧米で増えているそうです。

会社に行かないで自宅で仕事ができるようになれば、親の介護をしなければならない人や、子育て世代には朗報です。会社を辞めないで働き続けることができるからです。

会社側にも利点があります。介護や子育てを理由に優秀な社員に辞められないで済むようになるからです。

大学もリモート講義になって

私は現在9つの大学で学生たちに教えています。このうち2020年4月から7月までに教えることになっていた大学は4つ。その中の2つの大学ではZｏｏｍというビデオ会議システムを使って毎週講義しました。大学もリモートワークです。ここで、新たな気づきがありました。

受講する学生たちの顔は、私のパソコン上に小さく映っています。熱心に聞いている学生、時々あくびをする学生、マクドナルドの店内で講義を受けている様子なども一目瞭然です。画像の下には氏名が表示されていますから、名前と顔が一致します。

Ｚｏｏｍにはチャット機能があります。講義を受けている学生がチャット画面を通じて、私に直接質問ができるのです。私は、学生からリアルタイムで寄せられる質問に答えながら講義を進めました。質問を見て、自分が大事な要素を抜かして講義を進めていたことに気づくこともあり、慌てて補足説明をしたりしました。

学生諸君は、教室で大勢の学生がいる前で質問はしにくいようですが、チャットだと気軽に質問できるようです。結果、双方向での講義が実現しています。

また別の2つの大学では、あらかじめ私が教材を作成して大学のサーバーにアップし、学生はそこからダウンロードして学習。意見や感想、質問を私宛に送ってきました。私は、そのひとつひとつに回答していきます。結果、ここでも双方向の授業になりました。まさに個別指導です。

こうした学生とのやりとりは、リモートでない対面授業なら、おそらく実現しなかったことでしょう。リモート講義が、新しい学び方の可能性を切り開いたのです。

地方勤務も可能に

リモートワークが定着したことで、都会から地方に転居する動きも出てきたようです。

これまでは都心の職場に通勤するため、交通の利便性の高い都心近くに高い家賃を払って住み続ける人が多かったのですが、会社に行かないで済むとなれば、何も家賃が高くて狭いマンションにいる必要はありません。郊外に出れば、都心より安い家賃で広い部屋を借りることができるからです。

中には生まれ故郷に戻ろうという決断をする人たちも出ています。リモートワークを前提にして地方在住のエンジニアの採用を始めている企業もあるので、東京に出ていかなくてもいいだろうというわけです。

政府は2014年に「まち・ひと・しごと創生本部」を新設し、「東京一極集中の是正」を目標に掲げました。首都圏への人口集中を止めるため、東京での大学や学部の新設を禁止するという手段まで取りました。

ところが実際には、首都圏とりわけ東京への人口集中は続いてきました。でも、リモートワークができれば、都心に行く必然性は薄れます。結果的に「東京一極集中」は是正されるかもしれません。

これまで政府がいくら呼びかけても実現しなかったことが、新型コロナのために実現してしまう。実に皮肉なことです。

過重労働の危険性も

しかし、リモートワークで気をつけなければならないことがあります。それは過重労働の恐れです。日本の労働者たちは働きすぎだと言われてきました。このあとで取り上げる「過労死」など、その典型です。この現実を少しでも改善するため、政府は「働き方改革」の旗を振ってきました。その結果、残業時間を減らす動きが広がりました。

ところがリモートワークだと、上司が部下の残業時間をコントロールするのは困難です。結果、「成果主義」が進むでしょう。

これまでは9時から5時まで会社にいれば、とりあえず「働いている」と評価されましたが、それは通用しなくなります。

「来週月曜日の午前中までに、これだけの仕事を仕上げておいて」と上司から命じられる可能性が高まります。会社では時間内に終わらなければ残業して、残業手当がつきますが、自宅での仕事には適用されません。土日返上で、睡眠時間を削って締め切りに間に合わせる、ということになりかねないのです。

際限なく働いて成果を出すことが求められる。そんな辛い社会が来るかもしれません。これについては、何らかのコントロールが必要になってくるでしょう。

将来の働き方について考えている、あなた。今、世界が、そして歴史が大きく変わろうとしているのです。その真っ只中にいて、歴史が作られるのを目撃している、あるいは歴史を作る当事者になっていることを自覚してみてください。

第2章

外国人には理解されない日本人の働き方

過労死するのは日本人だけ

「過労死」を英語に訳したら、何というかご存じですか？

そう、「karoshi」です。「sushi（寿司）」「karaoke（カラオケ）」と同様、そのまま世界に通じます。「work hard to death＝死ぬまで一生懸命働く」と訳せないことはありませんが、外国に過労死という考え方はありません。ですから英語には訳せないのです。

働きすぎて死んでしまう人がいるなんて、海外では考えられないことです。「なんじゃそりゃ!?」と、ただただびっくりされます。

働きすぎて死ぬなんてありえない、働きすぎて疲れたら休めばいいじゃないか、というのが海外の常識です。「日本人は何か違うんじゃないの？」と思われてしまうのです。

ある民放テレビの番組で、東京のスタジオにいるゲストの質問を受けて、海外のいろいろなところに行っているリポーターが、近くを歩いている人にインタビューする企画がありました。

ある時、スタジオのゲストがイタリアの人に「日本では働いて疲れてくると、栄養ドリンクを飲んで頑張りますが、そちらではどうしているんですか」という質問をしました。現地のリポーターが歩いている人にマイクを向けると、その人はキョトンとした顔をして、「疲れたら、さっさと帰って寝ればいいでしょ」と答えました。

おっしゃる通りですね。スタジオは一気にしらけてしまいました。

「疲れたら帰って寝ればいいじゃないか。なんで栄養ドリンクまで飲んで一生懸命、働かなきゃならないんだ？　いったい何のために働いているんだ？」

これが世界の常識なのですね。

私たちはまず、疲れたらどうやって頑張ろうかと考えます。しかし海外の人たちは、「疲れたままで働いていたら死んでしまう。何のために働いているの？　死ぬために働いているの？　そうじゃないよね、生きるためでしょ。生きるために働いていて、死んじゃったら元も子もないよね。だったらとにかく疲れたら帰ろうよ。会社を休めばいいじゃないか」という考え方が、当たり前の常識なのです。

残念ながら日本には、こういう常識はありません。これが過労死を招くひとつの要因となってしまっているのではないでしょうか。

デンマークの医者は「疲れたら帰って寝てください」

以前、福祉国家として有名な北欧のデンマークに取材に行ったことがあります。デンマークでは医療と教育はすべて無料です。幼稚園から大学までの学費がすべて無料なうえ、大学生には毎月7万円の小遣いが国から支給されます。

その代わり消費税は25%で、軽減税率もありません。生活必需品や野菜・果物もすべて消費税は25%ですが、大学生には1カ月7万円の小遣いが出るのです。なぜなら大学生は勉強するのが仕事なのだから、アルバイトをしなくてもいいように、この7万円で生活しなさい、という理由からです。

医療費が全部無料なので、どんな病気でもただで見てもらえます。ただし、最初からいきなり大きな病院には行けません。まずは家の近くのかかりつけの医者に行くという決まりがあります。

そんなかかりつけ医のひとつで取材しました。「きのうの日曜日、家で力仕事をしすぎて体のアチコチが痛いんですけど」と言って、来院した人がいました。するとお医者さんは何と言ったと思いますか？

「あ、疲れですね。家に帰って寝ていてください」

それでおしまいです。

これが日本だったら、「痛み止めを出しましょう」とか、「湿布薬を出しましょう」とかなるでしょう。医者から「疲れているんだから、家に帰って寝ればいいでしょう」などと言われたら、あきれて腹を立ててしまうのではないでしょうか。

デンマークでは、「風邪をひきました」と言って受診しても、「あ、風邪をひいていますね、家に帰って安静にして寝ててください」でおしまいです。薬は出しません。だから医療費は安くて済み、国全体の医療費は無料なのです。

医療費が無料で済んでいるのは、「無理して働く」ということをしないからです。疲れたり、体が痛かったり、病気になったりしたら会社を休んで寝てればいいですよ、ということが常識なのです。会社も、それを認めるのです。日本人とはそもそもの発想が違うということです。

体のどこかに痛みがある時、どうやったら痛みを止めながら働こうかと、つい日本人の私たちは考えてしまいます。

インフルエンザなら人にうつすので休まなければならないけれど、くしゃみが出たり鼻水が出たりするくらいだったら、「まあマスクして行けばいいや」「これくらいなら行かなくちゃ」と考えます。

その結果、長時間働き続けてしまうこととなります。そして、長時間労働は日本人のお家芸となったのでした。

こういった日本の働き方というのを変える必要があるのではないか、という発想から、政府は「働き方改革」を推進しようとしてきました。

2016年に大手広告代理店である電通の女性社員が過労自殺してしまいました。

過労自殺を防ぐことができなかったとして会社の責任が追及され、社長が辞任するという事件も起こりました。これ以降、「働き方改革」が大きく進むことになりました。

過労自殺という言い方がわかりにくい人もいるかもしれません。過労で心臓マヒや脳内出血で死亡するならわかるけれど、自殺がどうして過労死なのか、という疑問です。

実は長時間労働が続いてストレスがたまると、精神的な負担が大きく、うつ状態になってしまうことがあります。うつ状態が深刻化することで自殺してしまう人がいるのです。この人たちは、尋常ではない長時間労働を強いられたからなのだ、というのが過労自殺なのです。過労は人を自殺にまで追い込んでしまうという恐ろしいものなのです。

日本人はなぜ働きすぎるのか

ではこの日本独特の「過労死」、どうしてほかの国にはないのでしょうか。

職業体験を終えたばかりの中学2年生に公開授業をした際、「なぜ日本人は働きすぎるのだと思いますか?」という質問をしてみました。すると、「日本人は勤勉だから、それが仇となって働きすぎてしまうから」と答えた生徒がいました。

この気持ちはよくわかりますが、これに対して私は、「ドイツも勤勉だよ」と答えました。

ドイツに取材に行くと本当に勤勉だということがわかります。それでいて、ドイツの労働生産性は日本よりずっと高いのです。

労働生産性とは、労働者が1人当たりもしくは1時間当たりでどのぐらい「成果」を生んだかを示す指標です。日本の労働生産性は就業者1人当たり労働生産性、時間当たり労働生産性ともにOECD（経済協力開発機構）に加盟している36カ国中21位（2018年）でした。

また、日本、アメリカ、イギリス、フランス、ドイツ、イタリア、カナダという主要先進7カ国の中では最下位が続いています。

ドイツの就業者1人当たり労働生産性は13位（2018年）です。ドイツは大変経済が発展しているのに、働いている人たちは、ほとんど残業をしません。

また、ドイツ人は1カ月間も夏休みを取ります。フランス人が1カ月バカンスを取るという話は有名ですが、実はドイツ人はフランス人よりさらに休みが多いことがわかっています。

ドイツ人の働き方を見ると、勤務時間中は休憩を取ることなく、猛烈に集中して仕事をします。残業をすると、「仕事の能力が低い」と思われてしまうからです。日本ですと、残業をしていると「熱心に働いているな」と評価されがちですが、ドイツでは、「どうしてそんなに時間をかけるのか。仕事が遅いんだな」と思われてしまう。こんな国民意識の違いがあります。決められた時間で生産性を上げているドイツを、日本は参考にすべきではないでしょうか。

家計を支えている残業代

また中学校の生徒からは、「子どものために働かなければ、という気持ちが強い」、

「残業してお金をもらわないと生活が成り立たない」という答えも返ってきました。

もちろん長時間、一生懸命働いている人は家族を養うため、あるいは少しでもゆとりのある暮らしをしたい、という気持ちがあると思います。家の中でまだ欲しいものがある、だけど本来の就業時間で働いただけでは資金が足りない、という場合もあるでしょう。

時間外勤務をすれば時間当たり1・3倍の給料がもらえる会社が多いので、残業をたくさんすれば収入もそれだけ増えるから、という考え方も確かにあるのです。

また、日本は集団行動を尊重することが多いのではないでしょうか。

大部屋に机がズラーッと並んでいて、みんなそこで机に向かって仕事をしています。パソコンに向かっていたり、電話をしていたりというように、周りのみんなが何をしているのか、よくわかる職場環境がほとんどです。

夜の6時、7時、8時になってもみんなが机に向かっていると、自分だけ「お先に失礼します」と言いにくくなります。

まして上司がいた場合、自分の上司より先に帰るのはちょっとなあ、という空気みたいなものがあって、結果的に長い時間会社にい続けてしまうということもあります。

仕事は終わっているます。仕事は終わっているんだけれど、なんとなく自分だけ帰りにくい。だからなんとなくパソコンに向かって仕事をしているフリをしながら、パソコンソフトのトランプゲームをして時間をつぶしている。上司が近くに来ると慌てて画面を変えて働いているフリをする、なんてことをしています。そして仕事をしているフリをすれば残業代がつきます。

こんなことが現実の問題として起きています。それはなぜかということには、いろいろな議論があります。

自分だけ先に帰れないのは農耕文化の名残？

たとえば日本では稲作の農耕文化が続いてきました。稲作はたったひとりではできません。みんなで協力してやる作業があります。

どうやって水を引くか。みんなで協力すればいっぺんにできるので、田植えも一緒にやりましょう、というように、共同作業をすることが多かったのです。

近くの農家がコンバインなど高価な農機具を共同購入して、みんなで交代で使う、といったことも行われてきました。

このように、「みんなで一緒に」ということがずっと続いてきたものだから、サラリーマン社会になっても「自分の仕事はもう終わったんだから関係ないよね」といった、集団の輪を乱すようなことをすると、やましい思いになる雰囲気があります。

その結果、帰りづらくて長時間働いてしまう、ということが起きているのではないか、というのがひとつの説として言われているのです。

アメリカなどでは、職場はパーティションで区切られていて、ひとりひとりがまったく別の空間を持っています。周りの人が何をしているのか、一切見えません。

そうすると、自分の仕事が終わったら、帰ってもほかの人には誰が帰ったかわからないのです。ですから、気を遣うこともなく、簡単に帰ることができます。

また海外では、上司は個室を持っています。日本の場合は課長だったり部長だったりが大部屋の中でみんなを見ているというスタイルが一般的です。だいたいの会社では部長や課長は窓を背にして座っていて、みんなが働いているのを見ています。これだと、社員はいつも監視されている感じがします。

アメリカの部長はまったく違って、ドアが閉まる部屋の中にいて、普段は姿が見えません。ですから、自分の仕事が終わればさっさと帰って何の問題もないのです。

日本の職場の文化とか、机の並び方とか、そういうものによっても、職場の風土はずいぶん違ってくるのではないでしょうか。

Ｇｏｏｇｌｅは勤務時間中に卓球ＯＫ

今、日本にはＧｏｏｇｌｅなど、ＩＴ企業がずいぶん増えました。

たとえばＧｏｏｇｌｅの日本支社に行くと、遅くまで働いている人がいるので、社内で食べるものや飲むものはすべて無料です。卓球台が置いてあって、勤務中に自由に卓球してもいいことになっています。

社内で何をやっていたっていいのです。仕事の成果さえ出せば。

そういうことになると、誰かが社内にいてもいなくても、誰も気にしません。さっさと帰ってしまってもいいし、みんなが働いている横で卓球をやっていてもいいのですから。

会社に出てこない人がいても、「きっと家で仕事してるんじゃないの」と思うだけです。成果さえ出せば何やってもいいよという会社が、日本でも少しずつ出てきています。

そういう会社では上司が働いているから自分は帰らないようにしよう、ということはありません。「みんながまだ働いているから」とか、「上司がいるから」といった理由で、だらだらと残業を続けるということをやめようじゃないか、ということも働き方改革のひとつです。

これはつまり、「空気を読む」ということをやめようということです。

学生時代でも、なんとなく人と違ったことをすると、「空気を読めない」みたいなことを言われますね。会社に入っても「輪を乱さないようにしよう」と言われます。

みんなが働いている時に帰ると、「あいつ空気読めないな」と言われるんじゃないかと気にします。だからとりあえず空気を読んで、仕事が終わっていても職場に残っていようと思います。

このように、「空気を読む」というのがずっと続いてきました。ですからなかなか改革が進まないのではないか、という考え方もあるのです。

消えたプレミアムフライデー

「プレミアムフライデー」というのがあったのを覚えていますか？

月に1回、その月の最後の金曜日は残業しないで早く帰ろう、という政府が音頭をとったキャンペーンです。

金曜日だから早く仕事を終わりにして、飲みに行こう、食べに行こう、遊びに行こう。こんなことはいくらやってもいいことのはずです。でもみんな、空気を読んでいるから自分だけではできない。そこで、政府が音頭をとって「はい、皆さん。皆さんの会社では金曜日は早く帰りましょう。午後3時にはもう帰ってください」ということにしたのです。

上から命令されて初めて、「じゃあ3時に会社を出てもいいよね」ということになるのです。空気を読んでいても、これなら早く帰ることができる、となるのです。

しかしそれでもメディアでしきりに報道されていた時代は、「プレミアムフライデーだ、早く帰ろう」とやっていましたが、いつしか忘れられてしまい、金曜日でも夜遅くまで働いている、ということになっています。

長時間労働の陰にはこのように、いかにも空気を読んで周りの様子を見ながらやろう、ということが会社に入ってからもあるんじゃないでしょうか。

Ｇｏｏｇｌｅのようなアメリカの会社には、そもそも空気を読むなんてことは存在しません。「自分の仕事が終われば、あとは知ったこっちゃない」ということになるのです。

しかし、リモートワークが一般的になれば、「空気を読む」ことができなくなります。それで不安になる人もいるかもしれませんが、本当はとてもいいことなのではないでしょうか。

第3章

過労死を招くブラック企業の実態

責任感をうまく使うブラック企業

働き方改革が必要な理由には、「ブラック企業」の存在があります。

徹底的に社員を働かせるブラック企業は、責任感がある人の「責任感」をうまく使っています。

責任感がある人は仕事を任されると、一生懸命やろうとします。たとえばチェーンの飲食店の場合、夜11時くらいにお店を閉め、お客さんが帰ったあと、その日の売り上げなどをきちんと計算しないといけません。その日のうちに精算を終えなければならない、となると責任感がある人は、時間を忘れて取り組みます。

12時を過ぎて、1時を過ぎても終わらなくて、「ああ、終電を逃しちゃった」となります。それなら明け方の始発まで時間があるからもう少し仕事をしようか、と考えます。

そうして朝5時くらいの始発で家に帰り、昼くらいにまた出てこなければならない、ということを毎日毎日繰り返すことになります。こんな生活を続けていると、どんどん疲労がたまってきて、ついには過労死しかねない、ということになってしまうのです。

この場合の過労死は、単に体が疲れすぎて心臓マヒや突然の病気を起こして死んでしまうことだけではありません。前に書いたように、ものすごいストレスの中で働きすぎると、仕事のことで精神的に追い詰められ、うつ状態になって精神的な病気になることから、自殺をしてしまうことがあります。日本の場合、こういった自殺も非常に多いのです。

このように、みんなが持っている責任感をうまく使って、うんとただ働きをさせよう、というのがブラック企業です。

「名ばかり管理職」もブラック企業の手口

またもうひとつ、責任感を利用して無理をさせる働かせ方があります。

最近はあまり聞かなくなりましたが、少し前まで「名ばかり管理職」というのがありました。

「はい、今日から君は管理職だよ」と言われて管理職になると、時間外手当は一切つかなくなります。部長になったりすると管理職手当がついて、基本的な給料は上がります。その代わり残業手当はなくなるのです。

「あなたは管理する立場です。部下を管理してください。そのためにお金は多くあげます。だけど管理職なんだから、一般の社員のような残業代なんてつきません。ずっと社員の様子を見てください」というわけです。結果的にものすごく働かされてしまいます。

全国チェーンの衣料品店でも、どこかの支店長に任命されると「あなたは支店長なんです。管理職なんです。給料は高いです。その代わり残業代はつきません」となっている会社がありました。

徹底的に働いて、本来残業代がついたらもっともらえるはずなのに、結果として時間当たりの賃金は安くなっていたということが問題になったことがあります。

責任感のある社員に対して、あなたは管理職だよと言ってこき使う。こういう企業をブラック企業と言うようになったのです。

また、どう頑張っても終わらない量の仕事を与えて、「終わらなかったのはあなたの能力の問題だ」と言って残業代を払わないという企業もブラックです。

厳しい社員教育が人を育てることも

ただし、難しいのは、一見するとブラック企業に見えるけれど、実際にはブラックではない企業もあることです。

日本の場合、ブラック企業が存在する一方で、社員のためを思って厳しく育てようとする会社もあります。

自分が勤めている会社はブラック企業で、ただただこき使われているのか、それとも社員教育として、新入社員に厳しく当たっているだけなのかを、見極めることが必要になります。

たとえば、ある会社では、新入社員には会社のトイレ掃除が義務づけられています。

「えーっ！　そんなの専門の業者に頼めばいいんじゃないの。なんで自分がそんなことしなきゃいけないの？　この会社はブラック企業だ！」と考えるのか。

「トイレ掃除をするうちに、会社ではいろいろな人がいろいろなところでいろいろなことをしている、ということがわかってきた。だから、自分たちが使うトイレは自分たちできれいにするんだな。そうか、そういうことをやっていくうちに、自然に感謝の気持ちが生まれて、いろいろな働きをするということができるようになってくるんだ」と考えるのか。

一見辛い仕事を割り振っているように見えるけれども、長い目で社員を育てようとしてくれているんだな、という解釈もできるのではないでしょうか。

さあ、自分が勤めている会社はどっちだろうか、ということです。

私の大学時代の友人で、ある大手の出版社に入った人間がいます。文芸書を作りたいと希望して入ったのですが、最初に担当させられたのは、倉庫の整理係でした。

出版社では本を作ると、その本は書店に並べられますが、売れ残った本は返品という形で出版社に戻ってきます。売れると思って大量に印刷したのだけれど、売れないとなると、ものすごい量の本が戻ってきてしまいます。

どの出版社にも、返品された本を保管する倉庫があります。私の友人は、その倉庫の整理係を最初にやらされました。自分は本を作りたかった、編集の仕事をしたかったのに、毎日毎日、売れなかった本を整理するという肉体労働を続けました。

彼は自分がなんでこんなことをしなければならないんだろうか、と精神的にも大きなダメージを受けていました。ここで彼が会社を辞めてしまったら、この出版社での仕事人生は終わっていたはずです。

出版社はなぜ新入社員に倉庫整理をさせたのか。それは、売れない本を作るとあとになってこんなに戻ってきて、大変なことになるんだよ、そしてそれによって会社の経営が厳しくなるんだよ、ということを、身をもって教えようとしたからです。

彼は歯を食いしばって倉庫整理をやり遂げました。そしてそのあと、念願の雑誌の編集の仕事につくことができ、さらにはその会社を代表する文芸雑誌の編集長になりました。最後には取締役にまで昇進してめでたく退職しました。

最初に売れない本を作るとこんな目に遭うんだよ、という教育を受けたことによって、その後の人生が広がっていったのです。これは会社としての社員教育になるわけです。一見ブラック企業にも見えるけど、実はそうでもない、ということもあるのです。

ブラック企業の見分け方

自分が勤めている、もしくは勤めようと思っている会社はブラック企業なのか、それとも大事な社員教育をしているのか、ということを見抜く力はとても大事になってきます。これを見抜くためのヒントを教えましょう。

社員教育だったら、「ああこれは役に立つことを教えてもらったな」となって、それを経験したあとは出世していくので、社員の中に年配の人が大勢いるはずです。ところがブラック企業では社員は使い捨てなので、若い人たちがボロボロになったら辞めさせればいいと考えます。

ですから、ブラック企業にはいわゆるベテランの社員がほとんどいません。年配の人がいるとしたら経営陣で、そのほかは若い社員ばかりです。

こういう会社はブラック企業だ、という判断はひとつできると思います。

あるいはブラック企業で社員をこき使う人たちというのは、やはり人間的に信用できません。「最初は辛いかもしれないけれど、今後のためにこういうことも経験しなさい」という会社だと、それを経験して人間的に成長している先輩たちが大勢いるはずです。先輩たちの中に憧れの先輩を見つけたり、「この人は尊敬できるな」という人がいたりする会社は、一見仕事がきついように見えるけれどもブラック企業ではない可能性が高いということになります。

これから就職する若い人には特に、まずはブラック企業かそうでないか見抜く力を身につけてもらいたいと思います。

就職活動をする際、その会社がどんな会社かというのを見る時には、たとえば早めに行って朝の出勤風景を見てみるのはどうでしょうか。会社の入り口で出勤してくる人の顔を見ると「おはようございます！」と元気に挨拶して入ってくるのか。それとも「嫌だなあ」という顔でとぼとぼと歩いて入ってくるのか。そういう風景を見るだけでも、この会社はどんな会社なのか見えてきます。

今、企業で働いている人も、自分の会社が健全かどうか、朝の出勤風景を注意してみてはいかがでしょうか。

第4章

働く義務と権利

三大義務のひとつが「働く義務」

日本国憲法にはさまざまな権利が認められています。ところが義務は3つだけです。ご存じのように「教育の義務」「勤労の義務」「納税の義務」の3つです。

中学校3年までを義務教育と言います。これは学校に行くことが義務ではなく、保護者が学校に行かせる義務のことです。子どもの立場で見ると、中学までの教育を受ける「権利」になります。

子どもたちに教育を受ける権利があっても、親が学校に通わせないとなると、国としては困ったことになります。

明治の初めの日本で「全国に学校を作りましょう」となった時、農家の人たちの中には、うちの子どもは農業の働き手として大事な存在なんだ、学校なんかに行かせることはできない、と反対している人たちがいました。

当時の先生たちはそのような家を一軒一軒訪ね歩いて、教育を受けさせてくださいと働きかけたのです。その結果、多くの人が学校に行くことになり、読み書きができるようになりました。

みんなが読み書きできるようになると、政府はこれからこうやって日本を発展させていくんだというような、政府が目指していることの意味も理解できるようになります。

今、アフリカなどの開発途上国には、読み書きができない人がたくさんいます。政府が私たちの国はこういうふうに発展させます、と言っても、それが何のことだか理解できない人たちが大勢いるのです。そうすると、国民が一体となって国を発展させていこう、ということにはなりません。

少なくとも中学校3年までの義務教育を受ければ、基本的な英語の力もつきます。数学の力もつきますし、社会、理科、体育、音楽、技術・家庭などの力もつくのです。私は、ある出版社の企画で中学校の教科書を改めて読んでみました、びっくりしました。中学の教科書は実によくできているのです。自分が中学生の時には気がつかなかったのですが、社会に出ていくのに必要な基本的な知識や教養は、中学校の教科書で十分身につくのです。

国民がみんな、このような高いレベルの豊富な知識を身につけることができたからこそ、日本という国は発展できたのです。

中学までに習ったことは世界に通じる

私はこれまで世界中を飛び回ってきました。2020年の3月からは、新型コロナウイルスの感染拡大で海外に行けなくなっていますが。

2019年末には北マケドニアから北アイルランド、ドイツのミュンヘンを回ってきました。

北マケドニアは、最近までギリシャと国名をめぐって喧嘩していた国です。ギリシャが「マケドニア」という国名は認めないと反対していたからです。そこで困ったマケドニアは、「それなら、北マケドニアでどうだろう」と申し出たところ、ギリシャもようやく「それならいいだろう」と認めたのです。

なぜ「マケドニア」という国名でもめているのかというと、そこにはアレクサンドロス大王という歴史的な大英雄の存在がありました。主に高校の世界史で出てきますが、教科書会社によっては中学校の歴史の教科書にも出てくる人物です。

アレクサンドロス大王は、現在のギリシャ北部のマケドニア出身です。ところがこの大英雄の出身地である地名を、隣の国が勝手に国の名前に使ったとして、ギリシャが怒り出したのです。その結果、マケドニアの北にある国だから「北マケドニア」とすることで、決着したのでした。

ここは、どんな国なのか。私は好奇心から単独で北マケドニアに飛びました。日本からオーストリアのウィーン経由で入りました。町の中心部に、アレクサンドロス大王の巨大な銅像がありました。納得です。北マケドニアの人たちもアレクサンドロス大王を尊敬し、その名前にあやかろうとしていたことがわかったからです。

そのあと、ベルリンの壁崩壊から30年を迎えたドイツのベルリン、EUから離脱しようとしているイギリスの北アイルランド、そしてドイツのミュンヘンを回ってきました。

北アイルランドに行ったのは、イギリスのEU離脱をめぐって、イギリスに属する北アイルランドの扱いが焦点になっていたからです。ミュンヘンを訪ねたのは、1972年のミュンヘンオリンピックの際、テロが起きて選手が大勢殺される事件があったからです。2020年の東京オリンピックを前に教訓を得ようとしたのです。東京オリンピックは1年延期になってしまいましたが。

この間の取材でやりとりするのは、英語です。北マケドニアでも外国人が多く訪れる観光地のレストランなどでは英語が通じました。ドイツでも英語でした。ドイツの人は英語ができます。基本的にどこに行っても英語で通じました。

私の英語力は、中学校3年間の英語の授業で基礎的な力がついたということが、今思うとわかります。いろいろな仕事に応じて必要な単語は覚えなければならないけれど、主語があって動詞があってそのあとに名詞が来たり形容詞が来たりといった基本的な構文は、中学校で習っていることで十分通用するのです。

数学でも、日本の中学校のレベルは高いものです。アメリカの大学進学適性試験にSATというのがあって、英語と数学で判定されます。日本でも大きな書店に行くと問題集が売られています。数学の問題を見るとびっくりするはずです。日本の中学レベルの問題ばかりだからです。大学受験レベルは、こんなに易しいんだ、と思うはずです。

それくらい日本の中学校の数学レベルは高いのです。義務教育をきちんと受けていれば、読み書きもできる、計算もできる、つまり就職ができるようになります。就職ができれば働いてお金を稼ぐことができ、税金を納めることができるのです。

日本を支えるという意識

みんながきちんと教育を受けることができれば、世の中に出て働くことができ、働けば稼いだお金から税金を納めることができます。

その税金で国は学校を作り、先生を雇い、教育をする、ということがグルグル回って、国が成立しています。だから「教育」「勤労」「納税」の3つだけは義務、ということになっているのです。

働く、ということがあってこそ、日本という国が動いていきます。

国民が働くことができるようにするには、少なくとも中学までの教育が必要なんだよ、ということで、日本では中学までが義務教育となっているという形です。

今はさらに働くことにもいろいろな形があるので、高校までは行こうという人が多くなり、99％の人が高校まで行っています。

高校のあとも、専門学校だったり、大学だったりという教育を受ける人もいます。

そしてそれぞれの能力で働くことができるようになるのです。

「働く」ということは個人の生活のためだけでなく、日本という国を支えていくためにとても大切なことです。だから皆さん、働ける人は働いてくださいね、と憲法で決まっているわけです。

「勤労の義務」の場合の「義務」は、絶対に働かなくてはいけない、ということではありません。そこまで言うと、働かない人は刑務所に入れるという、北朝鮮みたいになってしまいます。

日本は国民の権利を守りながらも、働く能力がある人は働いてくださいね、そして税金を納めてくださいね、という仕組みになっているのです。働きたいのに働く場所がない、会社がつぶれてしまった、失業してしまったという人は、働く義務を果たすことができません。そういう場合は国が仕事探しのお手伝いをしましょうということでできたのがハローワークです。

もともとは公共職業安定所、略して職安といういかめしい名前でしたが、民間企業も仕事探しの業種に参入してきたため、対抗してハローワークという愛称で呼ぶようになりましたが、やはりお役所。かゆいところに手が届くというわけにはいかないので、民間企業の仕事の幅が広がっています。

働く人を守る「労働三法」

政府の「働き方改革」では、「多様な働き方が可能な社会への変革」「ワーク・ライフ・バランスの実現」などといった指針を打ち出しています。

多様な働き方とは、時間にとらわれないフレックスタイム制や、会社に行かずに自宅などで仕事をするテレワークなど、柔軟な働き方を導入するということです。
ワーク・ライフ・バランスは、仕事とそれ以外の生活のバランスを上手に取るための取り組みです。有給休暇を取ったり、長時間労働をやめたりして、自分の時間も大事にしながら、仕事と生活のバランスをうまく取ることを推進しています。このことによって、仕事も生活も相乗効果でよくなることを目指しているのです。

これらを実現するための策として掲げているのが、「労働時間法制の見直し」や「同一労働同一賃金の実現」です。

ブラック企業の問題や、過労死の問題から働く人を守るための法律はすでにあります。労働者の権利を守る3つの法律、いわゆる「労働三法」は、いずれも戦後に制定されました。

長時間労働はダメ、ということを定めたのが「労働基準法」。
自分たちを守るために労働組合を作るという権利を定めたのが「労働組合法」。
労働組合と会社側が対立をして紛争になった時に、それを解決するための「労働関係調整法」。

この3つの法律によって、労働者の権利と労働者の健康を守ろうという仕組みになっています。

労働基準法では中学校を卒業する15歳までは、労働者として雇ってはいけない、働かせてはいけないということも決められています。義務教育を受けている者は、学校に行くことが仕事なんだから、そういう人たちを雇用してはいけない、ということです。

「え、だったら子どものタレントはどうなるの？」と思いますか。子どものタレントに関しては映画でも演劇でも子役が必要ですから、特別に働くことが認められています。

ただし、小学生の場合は、夜8時を越えて働いてはいけない、という仕組みがあります。児童福祉法でも子どもの労働に関しては制限をしています。年末恒例のＮＨＫ紅白歌合戦に子どもが出演すると、午後8時までには姿を消します。それ以上は働いてはいけないからです。

そしてこの「労働基準法」の中には、1週間に40時間までしか働いてはいけない、働くのは40時間までですよ、ということも定められています。つまり1週間のうち、5日間働くとしたら、1日8時間、週40時間までの労働時間を守りなさい、ということです。

「あれ、だったら残業はどうなるの?」と思いますね。労働基準法では基本的に40時間までなのですが、ほかに残業ができる仕組みがあります。

労働時間と36協定

「週40時間を超えて働いてもいい」というのはどんなケースかというと、働いている人の過半数の人たちが入っている労働組合と、会社側が話し合いをして、双方が週40時間を超える残業を認めてもいいということになる場合です。労働組合と会社の間で、そういった内容の協定を結びます。

労働基準法の第36条で、このような残業時間についての協定を結ぶことが認められていることから、これを「36協定」といい、「サブロク協定」と呼んでいます。

しかし、労働組合がない会社もあります。労働組合がない場合は、そこで働いている人の中からリーダーを選び、そのリーダーと会社側が話をして、「36協定」を結ぶことができるということになっています。

「残業してもいいよ」となると、それこそ青天井で、いくら残業しても構わない、となったのがこれまでの働き方でした。

本来は1週間に40時間だったわけです。40時間以上は働かないほうが人間的にいいことなのに、1週間に40時間だけだったら会社としてあまり仕事ができない、残業ができるようにしてほしい、ということになり、じゃあ例外的に36協定で残業を認めましょう、ということになっているのです。

36協定によって1カ月に100時間、150時間も働いてもいいことになりましたが、今度はこんなに残業したら過労死しちゃうよね、これではいけないだろう、ということになったので、新たな決まりを作る必要が出てきました。

月100時間の残業には賛否両論

36協定によっていくら残業をしてもいいということになり、長時間労働で過労死などの問題が出てきたことから、政府の「働き方改革」では、残業時間について上限を決めました。

1カ月間だけだったら例外的に100時間、働いてもいいです。だけど毎月100時間はダメですよ。2カ月、3カ月と、何カ月にもわたる場合の残業は、平均で月80時間までにしなさいよ、という上限が決められたのです。

1カ月に限ったら100時間まで、何カ月にもなったら平均で80時間。それ以上は働いてはいけないよ、ということになりました。

このように決まったことについては、2つの意見があります。

ひとつはこれまで青天井で、いくら働いてもいいよ、ということだったのに、上限を定めたことで、これまでよりもよくなったという意見です。

もうひとつは「1カ月に残業が100時間？　これは過労死レベルだ。1カ月であっても100時間も残業を認めるということは過労死ギリギリまで働かせていいことにお墨付きを与えたんじゃないか。これでは不十分だ」という意見です。

働き方改革についての政府の進め方については、これをいいことだと評価する人と、いやいやこれはとんでもないことだと反対する人たち、両方の意見があるのです。

残業時間が減ったら副業？

中学校での公開授業で、36協定の話をしたら、「今まで120時間残業していた人が、残業の時間が減って、お給料が減っちゃったりしたら、その人はどうすればいいんですか？」という質問が出ました。

残業代も含めて生活していた人は、残業代が少なくなった分、もちろん給料も減ります。だけど本来は、残業しなくても生活できる給料にしなければいけないはずです。

政府の働き方改革では、残業しなくても生活できるだけの給料がもらえるような、つまり、会社もそれだけ利益が上がるような働き方を考えなければいけない、という考え方です。

ところが最近では、本来は残業しなくてもいいようにしなければいけないのに、残業が減ったせいで給料が減ったら副業してもいいですよ、ということになりました。

たとえば勤めている会社で朝9時から夕方5時まで働いたあと、夜の8時から12時までコンビニエンスストアでアルバイトをするなどといった副業を認めます、ということになったのです。ただし会社が認めれば、ですが。

会社として副業をやっては困りますよ、というところもありますが、残業が減ったために手取り額が減りました。だから副業をしてその分を埋め合わせます、となると、結局、労働時間は以前と同じだったり、かえって増えてしまったりという問題が出てきますよね。だから、こういう副業というのはおかしいんじゃないの、という議論もまたあります。

本来はそんなに長時間、残業しなくても生活できるような給料を、というのが特に人間性を守るうえで大事なことなのでは、ということなのです。

労働組合を作ることを勧めた堤清二

ここで、労働組合にまつわる話をしましょう。

労働三法の中にある「労働組合法」では、労働組合を作ることが認められています。しかし最近では、労働組合に入ると組合費を払ったり、労働組合の委員長を選んだり、会社以外の仕事もけっこうあったりするので「面倒くさいなあ、そんなもの入りたくないな」と社員たちが思って労働組合がなかなかできない会社もあります。

かつて西武百貨店からセゾングループという一大グループ企業を作り上げた堤清二氏という経営者がいました。残念ながら亡くなりましたが。彼は辻井喬《つじいたかし》というペンネームで活躍する作家でもありました。彼は西武百貨店の社長時代、社員に「労働組合を作りなさい」と言ったそうです。

彼が社長になった時、西武百貨店には労働組合がありませんでした。普通は労働者たちが「こんなことではいけない、みんなで労働組合を作ろう」と言って労働組合を作ります。一方、経営者は、「労働組合ができると社員がいろんな要求を出してきて面倒くさいな」と思いがちです。ところが、堤清二氏という経営者はちょっと変わっていました。

社員たちは「そんなもの、なんで作らなくちゃいけないんですか」「いや、そんなのなくていいです」と言ったのにもかかわらず、労働組合を作らせたのです。どうしてそんなことしたのかと聞かれた時、堤清二氏はこう説明しました。

〈会社の経営者として、デパートで働いているいろいろな社員の働き方は見ています。しかし、管理職の目はなかなか全員に行き届きません。職場で何が起きているかわからないことがいくらでもあります。だけど、労働組合があり、社員みんなが組合員になっていたら、「今、職場にこんな問題があるんです」ということを提起できます。そうすると、労働組合として会社側に「こういう問題があります。これを解決してください」と伝えることができます。つまり労働組合があることによって、会社の中の問題点を指摘する組織ができるということになります。

人間の体に例えると、末梢神経のところに問題があるということを、脳に教える神

経の役割です。「これが労働組合なんです」〉

堤清二氏は、こう言ったのです。

これによって西武百貨店に労働組合が作られました。

堤清二氏の説明は見事です。でも、いささか理想すぎたのかもしれません。

確かに労働者の権利をきちんと守り、会社側に問題点を指摘していくというのが本来の労働組合の役割です。これはこれでとても大事なものなのです。

個人加盟の労働組合も

最近では、こんな労働組合の働きが新聞記事になっていました（「朝日新聞」２０２０年7月31日付朝刊）。

〈東京・霞が関の厚生労働省。4月17日、大勢の報道陣の前で、個人で入れる労働組合「飲食店ユニオン」専従スタッフの栗原耕平さん（24）は、落ち着いた様子で団体交渉の成果を報告した。「全額の休業補償をおこなう、と回答がありました」

首都圏を中心にチェーン展開する「名代　富士そば」で働くアルバイトの50代男性は、新型コロナウイルス対策の営業自粛で勤務シフトを減らされたのに、賃金の補償がなかった。飲食店ユニオンに相談したところ、栗原さんらがサポート。栗原さんは団体交渉で、国の助成金を使えば会社の負担は大きく減らせると提案。翌日、会社側から全額補償の回答を得た。
心がけているのは、単に補償を求めるのではなく、制度に明るくない経営者には詳しく説明して活用を勧める「提案型」の交渉だ〉
労働組合は、会社の社員が結成したり、加盟したりするのが一般的ですが、「飲食店ユニオン」のように、企業の枠を越えて個人で加盟できる組織もあるのです。

労働組合の幹部は出世コースに乗る？

ところが、中には労働組合の役員をすると出世コースに乗る、なんていう会社があるのも事実です。

会社の経営者の経歴を見ると、「労働組合の委員長を務めた」という人たちが大勢います。こういう会社では労働組合に入ることが出世の階段を上ることになります。なんで、そんなことになったのでしょうか。労働組合の委員長になると、労働者の権利を守るために会社の経営者と交渉することが多くなります。労働者の給料を引き上げてくれと要求することもあります。

こうしてしばしば会って話をしていると、そのうちに経営者側の立場もわかってきて、いつしか妥協することが多くなったりすることもあるでしょう。

こうなると、企業の経営者は、「おお、この委員長は経営のことがよくわかっているな。よし、労働組合の委員長を降りて現場に戻ってきたら、管理職として処遇しよう」と思うようになるのではないでしょうか。

労働組合の委員長に推されて就任するくらいの人ですから、能力も高いでしょうし、仲間からの信頼もあるでしょう。それだけの人物なら、会社の経営陣の中でも出世する可能性が高いというわけです。

しかし、いったん、そういう出世の階段ができると、どんなことが起きるでしょうか。

それ以降、新たに労働組合の委員長になった人は、自分が出世する階段の途中にいると自覚するようになったら、会社と対立することを恐れるのではないでしょうか。会社にとって耳の痛いことはなるべく言わないようにしようとするかもしれません。

そのうちに、出世のために労働組合の幹部になる人が出てくるかもしれません。そうなると、組合員が会社の問題点を指摘したら、それを会社側に告げ口する、なんてことになりかねません。

事実、過去には、ある銀行で組合幹部が組合員に対して「組合は皆さんのいろいろな不満を会社に突きつけるところです、何でも言ってください」と説明し、それを真に受けて会社についての不満を組合の人に言った途端、まもなく管理職から呼び出されて、「会社について不満を持っているそうだな」と怒られた、なんて話もあります。

「労働組合に悩みを訴えたら、管理職から怒られた。人間不信ですね。「労働組合と管理職はつながっているんだなあ」なんてことがあったら、労働組合にはもう、何にも言わない」ということになり、結果的に会社のいろいろな問題点が明らかにならないということもまた、ありうることとです。

最近では、労働組合には入りたくない、という人が多くなってきて、労働組合がない職場がどんどん増えています。そんな職場では、誰が働く人の権利を守ってくれるのでしょうか。誰も経営者に対して声を上げることができなくなるのではないかと心配する人も多いのです。

労働組合を作って会社側とは違う立場で労働者の権利を守り、あるいは会社の問題点を指摘し会社をよくしていく、というのが本来の労働組合の役割ではないか。なのにそれが十分機能していないではないか、ということです。

就職活動をする際には、労働組合があるかないか、あるいは機能しているかいないかということも、ひとつの選択肢として考えることも必要なのではないでしょうか。

ちなみに「労働組合」と名乗らずに、「従業員組合」と名乗っている組織もあります。おそらく「自分たちは労働者ではない。会社の中で働く従業員なのだ」という意識なのでしょう。中には例外もあるでしょうが、「労働組合」ではなく「従業員組合」と名乗っている組織では、「組合員を守るためには経営者と戦う必要もある」とは思っていない可能性があります。働く人たちを守る組織なのかどうか、労働組合と名乗っているか、従業員組合なのかでも判別できるかもしれません。

何も労働組合に入りなさい、と言っているわけではありません。本来、理想でいえば労働組合というのはいい役割をしているもののはずなのに、なかなか人間の組織というのはうまくいかないこともある、ということです。

ストライキは会社に打撃を与えること

労働者の権利を守るということに話を戻しましょう。

業績不振の会社が人減らしをすることになった場合、労働組合は労働組合員の生活を守らなければならないのですから、経営者と交渉をします。これを「団体交渉」といい、権利として認められています。会社の経営者は、労働組合との団体交渉を拒むことはできないのです。

交渉が決裂した場合、労働組合は「人員削減、絶対反対」と言ってストライキに入ることがあります。ストライキに入ることも労働者の権利として法律で認められています。

ストライキとは、労働組合として、みんなで仕事をしないというものです。ストライキをするということはその時間は働かないということなので、当たり前ですが、給料はもらえません。「何月何日、1日ストライキをします」となると、1日一切仕事をしないわけですから、その日1日の給料はまったくもらえないということになります。

しかし、社員が1日働かないと会社側にも打撃があります。自分たちも痛みを伴いながら、あえて会社に打撃を与える。これがストライキというものです。会社は打撃を受けても労働組合に損害賠償を請求することはできないと法律で定められています。ただし公務員の場合は、ストライキをすると多くの人に迷惑がかかってしまうので、ストライキは認められていません。民間企業の場合は、ストライキをすることが認められていて、これが労働者の権利です。

ストライキをしても会社側と労働組合との話し合いが泥沼になってしまって、何にも決まらない状況になった時は、客観的な第三者が入ってきて、会社側と労働組合側の両方の話を聞いて、解決策を提案することができます。これを定めたのが「労働関係調整法」です。

ブラック企業から自分の身を守るために、このような法律や組織があるということです。

教員の場合の時間外勤務

労働基準法では基本的に36協定を結んでいれば、時間外勤務をいくらやってもいいということでした。

ただし学校の先生に関しては、「いい人材を集めたい」という理由で、普通の公務員より特別に基本給がちょっと高いので、「残業代は必要ないよね」ということになっています。つまり公立の学校の先生はいくら残業しても残業代はつきません。

授業をしたあと、クラブ活動の顧問をやっている先生も多いのですが、いくらやってもただ働きになっています。土日も練習や試合のために働いて、ものすごい時間を費やしているのに、受け取れるお金の金額は変わらないので、結果的に学校の先生の給料はほかの公務員より少ない、ということになってしまっています。

ただしこれからは先生たちの労働時間も、1カ月なら100時間までを例外的に認めるけれど、平均では80時間までにしなさい、ということになったので、今までのような長時間労働をすることは認められなくなりました。ただし、これがちゃんと守られているかどうかというのは、これからの問題になります。

働かせ方を監視する労働基準監督署

ブラック企業で長時間労働を強いられて、過労死した場合、責任は企業にあります。ただしこれは、過労死の認定を受けた場合に限られます。企業の働き方が適切に行われているかどうか調べるのが「労働基準監督署」という厚生労働省の役所です。

労働者に無茶苦茶な働かせ方をしたり、過労死に追い込んだりすると、労働基準監督署の調べを受けます。労働基準監督署は定期的にいろいろな企業に調査に入って、ちゃんと管理がされているかどうかを調べています。

本当に悪質だということがわかれば、検察庁に送ります。検察庁はさらに捜査をするということもあります。

つまり労働基準監督署は労働者を守る警察のような役割をしています。

また、被害者や過労死自殺をした人の遺族が、ブラック企業を訴えて裁判にするというケースもあります。

裁判で明らかに会社に落ち度があったという判断が下されると、被害者や遺族に損害賠償金が支払われるという仕組みになっています。

独占禁止法で自由になった企業間競争

労働者を守るのが「労働三法」や労働基準監督署です。反対に会社を守る法律は何かというと、健全な企業の競争も必要だ、という考え方からできた「独占禁止法」があります。

戦前の日本では財閥というものすごく強い大きな会社グループが日本中の経済を牛耳っていました。特に三井、三菱、住友、安田という4つが四大財閥と言われ、大変な力を持っていました。日本中のさまざまな会社がこの4つのグループのどこかに入っているという状態でした。ほかの会社が新しい会社を作ろうとしても財閥が邪魔をして、結局、新しい産業が生まれない、という状況になっていたのです。

これが戦後、「独占禁止法」ができて、財閥がバラバラに解体されました。四大財閥だけでなく、さまざまな大企業も分割されました。

有名な例では、大日本麦酒があります。大日本麦酒という大きなビール会社があり、独占的に強い力を持っていましたが、独占禁止法の施行で大日本麦酒は2社に分けられます。ひとつがアサヒビールで、もうひとつは途中で名前を変えて、今のサッポロビールになりました。

その結果、大日本麦酒が圧倒的な力を持っていたために、小さくて活動が難しかったキリンビールという会社が、急激に成長することになりました。

次に、サントリーもビールを作るようになり、さらに沖縄のオリオンビールを入れて、日本のビール会社は5社になりました。

大企業が圧倒的な力を持っていることによって、新しい会社が生まれないということがないように、独占禁止法という法律によって圧倒的な力を持っているところを分けたり、反対に合併して巨大な会社になったりすることを禁止しました。

戦前は大日本麦酒が圧倒的な力を持っていましたが、独占禁止法によってキリンビールやサントリービールが伸びることができたのです。

企業がそれぞれ公正な競争をすることができるようになって、会社が伸びることができるようになったということです。これも長い目で見れば、会社を守る法律ということにもなるのでは、と思います。

ここで少しウンチク話を。大日本麦酒はサッポロビールとアサヒビールに分かれたわけですが、もともと同じ会社だったのでビール瓶のサイズがまったく同じでした。今は缶ビールが多くなってしまいましたが、私の学生時代にはサッポロビールを飲もうとして瓶を見ると、ラベルはサッポロビールなのですが、瓶にはアサヒビールと書いてあったりしました。

店からビール会社に空き瓶を返す時に、サイズが同じなので、サッポロとアサヒを区別しないで送り返していたようです。ですからアサヒビールと書いてある瓶にサッポロビールのラベルが貼ってあったり、その逆もあったりしました。

ところがキリンビールは別の会社で、瓶の形も微妙に違っていますから、ラベルの貼り違えはありませんでした。もともとは同じ会社だったということが、瓶の形からもわかるということですね。

現在でもアサヒとサッポロは同じ形のビール瓶を使っています。

第5章 働き方改革の論点

少子高齢化で労働力が減少

政府が働き方改革を推進する理由には、大きな危機感があります。それは少子高齢化です。

子どもの数がどんどん少なくなっている一方で、高齢者が増えていくということが最大の理由です。

15歳から64歳までの生産活動に従事できる、つまり働くことができる年齢の人口を「生産年齢人口」と言います。

日本では総務省統計局が行う労働力調査の対象となる15歳以上人口がそれにあたります。さらに働く意志のある労働力人口と、働く意志のない非労働力人口とに分けられています。

15歳というのは中学校を卒業する年齢です。義務教育の中学校を卒業すれば、働くことができます。また、64歳を過ぎても働く人はいますが、65歳定年制という会社が多いので、上限を64歳にして、15歳から64歳までを生産年齢人口、つまり「働ける人」に分類しています。

労働力人口の中で、働きたいのに働けない人の割合が失業率ということになります。「働ける人」である15歳から64歳までの人口が今、どんどん減っています。日本の人口は2020年3月1日現在で1億2345万8000人ですが、これが2050年代、つまりあと30年後くらいには1億人を割り込む見通しです。

子どもの数が増えない一方で、高齢者が増えていくとなると、年金はどうするんだという心配も出てきます。年金の仕組みは、現在働いている人が納めた年金保険料が高齢者に支給されます。今働いている若い人が年を取った時、働く人の数が激減していたら、果たして年金をもらえるんだろうか、という不安を持つでしょう。

そもそも働く人が減っていくのだから、日本経済というのはこれからどんどん力が弱くなってくるんじゃないか。このままでは日本はどうなるんだろう、という危機感があります。政府はこの危機感から「働き方改革」を打ち出すことになったのです。

まず、働く人が減っているということをどうしようかと考えます。

「外国人労働者を受け入れようか」という意見もあります。もちろん今でも外国人の労働者にも働いてもらっています。コンビニエンスストアに行くと、働いている人のほとんどが外国人ということからもわかります。

今よりもっともっと外国人に日本へ来てもらって働いてもらおう。そのために外国人を移民として日本に受け入れてもいいじゃないか、という考え方がある一方で、これに反対する意見もあります。外国人が増えると、治安が悪くなったり、文化の違いから日本人との間でトラブルが起きたりするのではないかという反対論です。意見が分かれているのです。

移民問題　日本とドイツ

ヨーロッパを見ると、たとえばドイツはトルコからの難民が大勢います。またドイツはシリアからの難民100万人を受け入れました。

シリア難民は、シリアから徒歩や小舟を乗り継いでドイツまでやってきました。ですからその多くが若くて、意欲や体力がある人々です。この難民たちを全員、ドイツはドイツ国民として、労働力として受け入れたのです。つまりドイツは、言葉も違う、宗教も違う、という人々を受け入れることによって、労働力を確保しようとしています。そのため難民に対するドイツ語教育に力を入れています。ドイツもドイツ生まれの人の数が減ってきているので、大量の難民を移民として受け入れ、ドイツに住んでもらって働いてもらうことで、経済力を維持しようとしています。

さあ、日本もそれを受け入れることができるのかどうか。

明らかに民族が違う、宗教が違う、文化が違う。そういう移民を受け入れるべきかどうか、ということについて、日本政府の中でも意見がまとまっていません。

この将来的な労働力の減少が、「働き方改革」の背景にある大きな問題なのです。

労働力不足を補う人材は？

政府の「働き方改革」は、日本がこれからどんどん少子高齢化が進み、労働力が減少することが背景にあり、そのひとつの解決策である外国人労働者の受け入れ、つまり移民の受け入れに対しても、さまざまな議論が交わされています。

それでは、労働力が減っているのに、すぐには移民を受け入れることができない場合、さあ、どうするか？

そう考えると、「おお、そういえば日本には移民じゃなくても、日本の文化を理解し、日本のことをよくわかり、さらに日本語ができる人たちがいっぱいいるじゃないか。今は働いていないけれども、そういう人たちに働いてもらったらいいじゃないか」ということになったのです。

さあ、誰のことでしょうか。

日本のことがよくわかり、日本の文化を理解し、日本語を話し、だけれども働いていない人たちがいっぱいいる……。そう、答えは「専業主婦」です。

つまり、夫が働いて、深夜クタクタになって帰ってくる間、家を守り、子育てをし、家事をし、くたびれ果てて帰ってくる夫の世話をしている女性たちが大勢いるじゃないか。家にいる彼女たちが社会で働くようになれば、移民を受け入れることで心配されるようなトラブルにもならない。そう考えたわけです。

そこで、結婚や子育てなどで仕事を辞めた女性の再就職など、もっと女性が社会で働けるようにしようというのが、政府が打ち出した「女性活躍社会」というものです。「女性活躍社会」を実現するために、とにかく女性が働きやすいようにしようじゃないか、ということで、そのためにはどうしたらいいかを考えました。

夫の残業を減らし、夫が早く家に帰ってきて子育てに協力すれば、母親は働きに出られるんじゃないか。また、保育所をもっともっと作れば、日中は保育所に預けて、父親と母親が交互に早く家に帰ってきて、子どもの面倒を見れば子育てができるじゃないか。そうすれば少子高齢化に歯止めがかかるんじゃないか。こう考えたわけです。

また、夫の給料だけで子どもを2人、3人、4人と持つのはとても無理だから、子どもはひとりで我慢しておこう、それで精一杯と考えている夫婦も多いと思います。

でも、妻も働きに出れば、家の所得は増えますから、「子どもをもうひとり産もうか」という気になってくれる夫婦もいるかもしれません。それなら人口減に歯止めがかかるのではないか。

夫の残業を減らし、もっと家に早く帰ってきて、妻と一緒に子育てができるようにすることによって女性が働きやすくなり、同時に労働力不足を補おうじゃないか、というのが「女性活躍社会」というわけです。

女性を「活用」してはいけない

この議論では当初、「女性活用社会」という言い方をしていました。政治の世界はやはり男社会だからでしょうか。すごいですね。「女性を活用できるような社会」と言っていたのです。そのうち誰かが気がついたのでしょう。女性を物みたいに扱うのか？　「活用する」という考え方は違うだろう。女性が主体的に活躍できる社会じゃなきゃダメじゃないか、となって途中から呼び方が変わり、「女性活躍社会」になっています。

女性は活用するものじゃなく、女性が主体的に活躍できるような社会にしよう、という「女性活躍社会」を目指すということは、そもそも、働きたいという女性がいくらでも働けるような、そして子育てがしやすいような社会にしなければいけなかったはずです。

それが、これまで全然できませんでした。保育所も少ない、あるいは女性が重要な役目につくことができない、という問題を日本は放ってきました。

ところが労働力がどんどん減ってきて、これじゃもうダメだ、女性にももっと働いてもらわなければいけない、というところまできて、ようやくこの話が出てきたのです。

本来、それではいけないはずですね。男性だって女性だって働きたいように働ける社会にしなければいけないのですが、それができていなかった。労働力の減少に危機感を覚えてようやく考え始めたという、そもそもの発想がおかしいのです。ですが、女性が活躍できるような社会にしましょうということ自体は間違いではありません。

70歳まで働く「一億総活躍社会」へ

そのうちに、いやいや女性だけじゃない。男性だってまだ働ける。働いていない人もいる、その人たちに働いてもらおう、ということになってきました。

今でも定年退職する年齢は60歳という会社が多いと思います。これを65歳までは働けるようにしよう。さらに年金はこれから65歳から支給されるけれど、いずれ70歳からになるのだったら、働きたいという高齢者は70歳まで働けるようにしようじゃないか、というようになりました。これが「一億総活躍社会」というわけです。

２０１５年10月に発足した第3次安倍内閣で安倍首相は、少子高齢化に歯止めをかけ、50年後も人口1億人を維持し、家庭や職場、地域で誰もが活躍できるという「一億総活躍社会」を目指すことを宣言したのです。

日本の場合、移民を受け入れるということに抵抗感があり、そんなのはダメだと反対する人たちがいっぱいいたことから、とりあえず女性にもっと働いてもらおうじゃないか、あるいは高齢者でも、働きたいという人にはもっと働いてもらえばいいじゃないか。こう考えて掲げたのが「一億総活躍社会」というわけです。

働きたいという人に、ずーっと働いてもらえるようにしよう。それによって、少子高齢化で労働力が不足するのを何とか補おうじゃないか。あるいは子育てをしやすくすることによって出生率を上げよう。これが安倍政権の「働き方改革」でした。安倍総理は退任しましたが、この路線は続くでしょう。

こうやって少子高齢化社会を迎えても日本経済がダメにならないようにしっかり考えよう、ということが「働き方改革」なのでした。

正規労働者と非正規労働者の大きな違い

女性が働き、女性が活躍できるような社会にするために出てくるキーワードが「同一労働同一賃金」です。

「賃金」とは給料のことですから、「同じ仕事をしているのなら、同じだけの給料を払いましょう」という意味になります。どうして「同一労働同一賃金」なのかというと、いわゆる「非正規労働者」という人たちが今、ものすごく増えているという事情があります。

非正規労働者には派遣労働者、契約社員、パートタイムのほか、業務委託契約を結んで働く人や、家内労働者、在宅ワーカーなどといった人が該当します。

公務員などの正職員や、会社の正社員といった正規労働者というのは、労働組合などでも守られているので、簡単に辞めさせることはできません。しかし、パートやアルバイトだったら、「あなたの仕事はなくなったから、来月から出てこなくてもいいよ」なんてこともできるわけです。

さらに派遣労働者は派遣会社と契約しているので、働いている会社と直接の雇用関係にありません。派遣会社に「来月から何人、うちの会社に派遣してください」という依頼をして、会社は派遣会社にお金を払うわけです。その場合はその人の仕事が必要なくなったら、「来月からは、もう来てもらわなくていいですから」と伝えれば、それでおしまいです。派遣労働者は突然仕事を失う、ということになってしまいます。

正規の社員はこのように簡単に辞めさせることはできません。どうしても会社の都合で、解雇しなくてはいけなくなった時は、1カ月前に通告をしなければいけないという規則があります。1カ月前の通告ができなかった場合は、1カ月分の給料を上積みして払わなければいけないのです。

その辞めさせ方がひどいものであれば、裁判に訴えることもできます。そうすれば辞めさせられることを防ぐこともできます。正規労働者は、法律でとても守られているのです。

それに対して非正規労働者は、「もう、明日から来なくていいよ」という、そのたったひと言で仕事を失います。こういう不安定な人が、今、日本の労働者全体の4割くらいを占めています。

当然ですが、同じ仕事をしていても給料が全然違います。たとえば日本の場合、正規労働者が100もらっているとすると、非正規労働者は60くらいの割合になります。「格差社会」という言葉はここから生まれたものです。

これがヨーロッパだと100に対して80くらいです。非正規労働者でも正規労働者の8割くらいの給料をもらっています。だから日本もパートやアルバイトであっても同じ仕事をしている正規労働者の給料の8割くらいはもらえるようにしよう、というのが「同一労働同一賃金」です。

「えー、それじゃあ、同一賃金じゃないでしょ」と、ツッコミを入れたくなります。その通りです。本来は同じ金額にしないといけないけれど、なかなかそこまでにはならないから、せめてヨーロッパ並みに8割くらいもらえるようにしよう、ということになったのです。

パートやアルバイトというこの非正規労働者には、もちろん男性もいますが、女性がとても多いのです。子育ての都合でずっとフルタイムで働けないという女性たちは、正社員と同じ仕事をしていても給料が安くなっています。

非正規労働者の給料を上げることによって、こうした女性たちの給料が高くなります。そうなれば、夫が残業代にそんなにこだわる必要がなくなります。そして男性が残業しないで早く家に帰れれば家事や子育てに協力でき、女性が働きやすくなります。また、こうすることで子どもを産む人を増やす、という目的が同一労働同一賃金にはあります。

オランダの夫婦の働き方

こうした夫婦の問題をヨーロッパでみると、オランダという国が進んでいます。子どもが生まれると、夫と妻で話し合って、子育てを分担します。たとえば午前中は夫が子どもの世話をして午後から出勤し、一方、午前中は奥さんが働いていて午後から家に帰ってきて子どもの世話をします。つまり夫と妻のそれぞれが半日だけ働くのです。

午前と午後で分けて、合わせると1日働いたことになります。そして、それぞれが半日ずつ働けば、合わせて1日働くのと同じだけの給料がもらえます。

こうなれば夫だけが仕事をして、妻は仕事を辞めて家で子どもの世話をするということをしないで、夫婦で協力して子育てもできます。2人で1人分の給料にはなってしまうけれどそれでもいいじゃないか、ということです。オランダはこういうことができるようになっているのです。

日本もこういうふうになるといいなあと考える人は多いのです。すぐにはならないかもしれないけれど、こんなふうに夫婦で半日ずつ働いて1人分の給料をもらえれば、もっと子どもを育てることができるのではないか、という考え方もあるのです。

「ギグワーカー」が増えてきた

非正規労働をしている人には、いろいろな考え方があります。「本当は正規労働者になりたいんだけれど、結局なれなかった。ダメだった」という人もいます。だからしかたなしにパートやアルバイトで生活しているという人もいるわけです。

その一方で、「自分は自由な働き方がしたいんだ。どこかの会社に入って正社員になって、会社の中で上司の命令を聞いて働くのなんか、うんざりだ。自分は自由な暮らしがしたい。バンド活動をしながらお金がなくなったらちょっとアルバイトをする」という人や、「オートバイに乗るのが好きだから、ウーバーイーツの配達員としていろんな食べ物を届ける。それでいいや」と考える人もいます。

そういう人たちは当然、正規労働者よりも給料が安くなります。でも、そういう自由な働き方を認めてもいいんじゃないかという考え方もあります。そこで最近注目されているのが「ギグワーカー」と呼ばれる人たちです。インターネットを通じて単発の仕事を請け負う人たちのことです。

ギグは音楽用語です。ライブハウスなどで演奏家たちが軽く合奏したりすることです。そこから転じて単発で短期の仕事に従事する人を「ギグワーカー」と呼ぶようになったのです。

インターネットを使えば、知らない人同士でも簡単に結びつきます。

家事代行などもありますが、最近急増しているのが配達業務です。料理を自転車などで配達する「ウーバーイーツ」が代表例です。配達員には拘束時間ではなく1件ごとに報酬が支払われます。

また、自宅で映像を編集したり、発注元の会社のウェブサイトをデザインしたりする人も増えてきました。

仕事を頼む側にとっては、仕事量に応じて柔軟に仕事を頼むことができます。働く側は、好きな時間を選んで収入を得られます。日本ではすでにギグワーカーが1000万人を超えているという調査もあります。

自由な働き方をしたい人はそれでいいし、そうではなくて本当はフルタイムで働く安定した仕事に就きたい、という人はそういう働き方ができるような社会がいいんじゃないか、ということになります。

要は自分がどんな生き方をしたいか、ということです。レストランに注文が入ったら、その料理を配達するという、ウーバーイーツで働く人は今、とても増えています。しかしウーバーイーツはいつ注文が来るかわかりません。注文が来たら、すぐに食事を指示されたところに届けなければいけないのです。その時にもらえるお金はごくわずかです。

毎日何軒も配達するということを1カ月やっても、たいした収入にはならないというのが現実です。ですからウーバーイーツだけで生活しようとしても、ほぼ無理だということになります。

ほかの仕事をしている人の副業だったり、学生のアルバイトだったりするかぎりでは、いいかもしれませんが、ウーバーイーツをずーっと将来の仕事にするとなると、これだけではとても生活できない、ということになります。

生涯収入が2億円違ってくる

非正規労働というのは自由な働き方ができる、というメリットがある一方で、生活が非常に不安定だったり、長い人生設計ができなかったり、というデメリットもあります。

大学を出て、ひとりは正規社員になり給料が保証され、もうひとりはパートやアルバイトで生活をする、となった場合、65歳までの生涯年収はざっと2億円くらいの差がつく、と言われています。

それくらい非正規労働は一生の間の収入が少ないのです。

非正規労働の人の場合、自分ひとりだったらギリギリ生活できるけれど、結婚をして、子どもが生まれたら、家族の生活費まではとても出せません。まして子どもを学校に通わせる、塾に通わせるとなるとお金がかかりますから、とても無理だと考えます。だから子どもを作るのはやめよう、という人たちがいます。

あるいはそもそも結婚はできない、という人たちが大勢います。その結果、独身者が増えています。

生涯結婚をしない独身者が増えているし、結婚しても子どもを産まないという選択をしている人たちもいます。結果的に少子高齢化が一段と進んでいるのです。

日本はこれでいいのか、というのが政府の問題意識です。

第6章

AI時代の働き方

今の仕事の半分はＡＩに取って代わられる？

政府は労働力不足のために女性や高齢者が活躍できる社会を作ることを目指す「働き方改革」を進めていますが、もうひとつの労働力として注目されているのがＡＩです。

「Ａｒｔｉｆｉｃｉａｌ Ｉｎｔｅｌｌｉｇｅｎｃｅ」、つまり人工知能のことです。ＡＩが担うのは、人間の脳による知的な行為を、コンピュータを使って再現することです。人間はいろいろな物事を認識したり、高度な会話をしたりしています。また、未来を推測したり、新しいものを創造したり、さまざまな学習といった複雑な情報処理をしています。

こういった知的な行為をコンピュータに学習させて実行するのがＡＩです。これまでのコンピュータと違うのは、自分で学習するという点です。

２０１５年、野村総合研究所とオックスフォード大学のマイケル・Ａ・オズボーン准教授らによる研究で、ＡＩやロボットによって、今ある仕事の半分くらいはＡＩに置き換えられてしまう、人間の仕事がそれだけ減ってしまう、という可能性があることが公表されました。

今のままいくとＡＩによっていろいろな仕事が取られてしまうんじゃないか。その可能性が高いと指摘されたのは、事務職と単純労働でした。

ほかにもあります。たとえば今、自動車の自動運転がずいぶん進んでいます。まだまだ完全ではありませんが、ＡＩによって完全な自動運転ができたら、路線バスは全部自動運転になるでしょう。そうなったら路線バスの運転手は必要なくなる、ということになります。

決まったルートを走る路線バスは自動運転に取って代わられ、乗せたお客さんによって行き先が違うタクシーはすぐにはなくならないかもしれませんが、それでもこのまま進んでいけば、自動運転になる日が来るのではないでしょうか。そうなるとタクシー運転手という職業もなくなります。

あるいは、宅配便も今は配達員が配達してくれています。しかしアメリカでは、これをドローンで配達することが認められました。ドローンが配達するのだったら、配達員は必要なくなります。

また２０１３年にオズボーン准教授らが予想した「なくなる職業」には、銀行の融資係、保険契約の審査員などが挙げられています。これまではキャリアが必要と言われた職種までＡＩに取って代わられるというのです。

銀行の融資係は、「この会社にお金を貸しても大丈夫だろうか」と審査しなければならないので、これまではベテラン行員が対応していました。しかし、融資を申し込んできた会社の経営実績のデータをＡＩが分析すれば、即座に融資可能か不可能かがわかってしまうようになります。すでに融資担当行員が減らされています。

こうして、これまで人間がしていた仕事がどんどんなくなってくるんじゃないかと、危惧されるようになりました。

AIのアナウンサーはとちらない

アナウンサーはどうなるでしょう。特に女子アナは人気の職業ですが、現実にラジオではAIアナウンサーが登場しています。顔が見えませんから人間がしゃべっているのか、AIがしゃべっているのか、聴いている人にはわかりません。記者が書いた原稿をAIに読ませればいいのです。

人間のアナウンサーとAIアナウンサーの大きな違いは、AIアナウンサーは、とちらないというところです。決して噛んだりしないのです。

人間であれば読み間違えをしてしまうこともありますが、AIアナウンサーなら、絶対読み間違えることはありません。ラジオでもディスクジョッキーなどは別ですが、ニュースを読むだけだったらAIアナウンサーで全部置き換えることができるんじゃないか、ということになってきています。

最近中国のテレビでも、AIの男性キャスターがニュースを読む、ということを実験的にしています。イケメンのＡＩ男性アナウンサーがニュースを読むわけです。それがとてもよくできています。ＡＩだと口はパクパクしているけれど、顔は無表情でロボットみたいで、人間ではないことがすぐわかるかと思います。ですがこのＡＩアナウンサーはもちろんとちったりもしないのですが、ちょっとはにかんだり、なんとなく人間的な仕草をしながら、ニュースを正確に読むのです。

こうなってくると、テレビでもバラエティ番組はともかく、ニュースを読むアナウンサーはいらなくなるじゃないか、という考え方も出てきます。

少なくとも深夜のラジオニュースや衛星放送のニュース専門チャンネルは、かなりの部分をＡＩで代用できそうです。

ＡＩによって今ある仕事のかなりの部分が取って代わられてしまうかもしれない。今の子どもたちが、「将来、こういう仕事に就きたいな」と思っていても、実際にいよいよ就職活動をしようとした時に、その仕事がなくなっている可能性もあるのです。

今は存在しない新たな仕事が生まれる

今までは小学生時代になりたかった仕事のほとんどは、就職活動する時にも存在していました。入りたかった会社が倒産してしまった、ということはありましたが、職種そのものがなくなることはめったにありませんでした。

ところが今後は、約半分の仕事が消えてしまうと予測されているのですから、これは大変だ、という意見がある一方で、いやいやAIの存在によってまた新しい仕事だって生まれてくるじゃないか、という考え方もあるわけです。

たとえば今の小学生がなりたい仕事の上位にYou Tuber（ユーチューバー）が入っています。

動画サイトのYou Tubeに自分が撮った動画を投稿すると、それを見た人の数によって収入が得られるという仕組みで、何千万円もの年収を得ている人気ユーチューバーもいます。小学生にも大人気になっていますが、You Tubeは200

５年にアメリカで始まったものなので、それ以前にはユーチューバーという職種はありませんでした。

もう少し前だとコンピュータゲームのクリエイターがそうでした。今でも人気の職業で、ゲーム制作の専門学校もありますが、これも１９９０年くらいから始まりました。

このように、これまでなかった仕事もこれからはどんどん増えてくる、ということも間違いのないことです。

ＡＩがこれだけ進んでくると、今の子どもたちがいずれ就職活動をする時に、今ある仕事のうち、かなりの数がなくなってしまいます。その一方で、今まだ存在しない仕事が増えてくることになるのです。その時に、どういう仕事をするのか、今から考えておかなければなりません。

なんて言っても、「今は存在しない仕事を今から考えておくなんて不可能だろう」というツッコミが入るかもしれませんね。まったくその通りです。

AIに負けないためには

ＡＩによってなりたい職種や、これまで従事していた仕事がなくなってしまった時、どう考えればよいでしょうか。そこで一番大事なことは、ＡＩに負けない人間になるんだ、ということだと思います。

ＡＩはいったいどれだけのことができるのか。

実はＡＩに関しては国立情報学研究所がＡＩに大学入試の問題を解かせようという研究をしていました。東京大学の入試で合格点を取るというのが目標でした。その結果、どうしても東京大学の試験では合格点が取れないということがわかり、諦めてしまったそうです。

ＡＩは結局、国語の問題の問題文の意味を理解することができなかったということがわかったのです。これはよく考えれば、当たり前のことです。

ＡＩはコンピュータソフトです。基本は計算機なのです。すべてを0と1に置き換えて、大量の計算を素早くやるというのがＡＩです。

今のＡＩの一番優れているところは、過去のさまざまなデータを全部集め、何か問題が出てきた時に対処する情報処理能力です。起こった問題に対する一番いい答えは何だろうか、ということを、ネットを使って過去のあらゆるデータを検索し、これが正しい答えだな、と思うものを探し出してきて、提示するわけです。

ということは、つまり、ＡＩは過去のさまざまな知識を大量に持つことができますから、その中で一番正しいものを引っ張り出すという点では、人間はＡＩにかないません。

私たちは今、いろいろな知識を得ています。もちろんこの知識は大事です。大量の知識を暗記し、試験の時にその暗記した知識を全部披露すれば、それでいい点数が取れ、大学入試を突破することもできます。

しかし、社会に出るとそういう能力はＡＩに取って代わられている可能性があります。これからはさらに必要とされないことになります。人気のクイズ王たちよりも、ＡＩのほうがよっぽど早くクイズの正解を出せるのです。

これからの時代は、知識を一生懸命ため込んでそれを吐き出す、という能力だけではＡＩ社会では太刀打ちができないんだということです。

ただし、悲観的になる必要はありません。ＡＩには未来は予測できません。過去の膨大なデータを集めることはできます。膨大なデータから、そこに含まれる潜在的な特徴をとらえ、未来を予測する「ＤＥＥＰラーニング」という技術はあります。

でも、本当の意味で未来を予測することはできません。それができるのは、人間しかいないのです。

また、ＡＩに何をやらせるかを決めるのは人間ですし、あるいはＡＩにこんな仕事ができるんじゃないか、と考えてＡＩのソフトを開発するのも人間です。さらに、こういう仕事をＡＩにやらせようといって命令するのも人間なのです。

つまり、ＡＩには絶対にできない仕事がこれからも必ずあるということです。そういう仕事に就くことができればＡＩに負けることはないのです。

やりたい仕事場がなければ自分で作る

若い人で「将来こんな職業に就きたいな」という夢を持っている人は、ＡＩが出てきた時にその職業はなくなってしまうのか、なくならないのか、ということをちょっと考えてみてください。

あるいは「将来何になりたいのか、早く決めなさい」と言われても、まだわからないと思っている人も、焦って決める必要はないということです。

特に中学生以下の人たちは、今からなりたい職業を決めなくていいと思います。彼らが大学を卒業するくらいには新しい仕事が生まれているかもしれませんから、その時に仕事を選べばいいということになります。

これからの時代、自分がなりたい仕事が見つからなかったら、自分で新しい仕事を作り出すという選択肢もあります。私は今、東京工業大学でも教えていますが、非常にユニークで面白い学生がいました。彼は大学院に進んで、ついに東工大初のベンチャー企業を立ち上げました。大学で学んだことをもとにして、あっという間に東工大の学長が認定するベンチャー企業を作って、社長になったのです。私のほかの大学での教え子を含めると、何人もの学生がベンチャー企業を立ち上げて仕事をしています。

つまり、会社を作るということも簡単な時代になったのです。会社を作るということには、もちろんリスクがあります。すぐに作れる代わりに、逆にいうとすぐにつぶれてしまうかもしれないというリスクもあります。

しかし、自分がやりたい仕事がこの世の中になかったら、自分で作ってしまうという選択肢も得られるようになりました。これも今の時代ならではのことです。

そういう意味では、これからの職業選びには、可能性が広がっているということになります。その点では、40代、50代でも新たな起業の可能性が開けてきているのです。

現在ある仕事から選ばなくてもいいのです。このあと新たな仕事が生まれるかもしれない、あるいはそういう仕事がなかったら、自分で会社を作ってしまえばいいのです。

どうですか。可能性が広がりましたでしょう。私の学生時代に比べて今のほうがはるかに可能性は開かれています。

ひたすら暗記をして、その暗記したものを吐き出すということをやっているかぎりは負けてしまいます。ＡＩに負けないようにするためには、ＡＩにはできない創造的な仕事を自ら作り出すのです。

戦後人気だった石炭産業、砂糖産業

これからの時代は、ＡＩによって今ある仕事の半分がなくなっている可能性が高い反面、今、まったく存在していない仕事がこれから生まれる可能性があるということをお伝えしました。

これとは別に、企業というものには人間と同じで、寿命があります。新しい会社にすることによって、寿命が延びる会社もあるけど、そうではない会社もあります。

たとえば、第二次世界大戦が終わった直後、東大生に一番人気があった企業は何だったでしょうか？　それは石炭産業だったのです。意外ではないですか？

その頃のエネルギーといえば、すべて石炭でした。石油がエネルギーとして注目されるのは、まだ先の話でした。蒸気機関車もそうですし、発電も水力以外は石炭を使っていました。ですから、石炭産業が一番の憧れの産業だったのです。

もうひとつの人気産業が砂糖産業です。日本が戦争に負けて食べるものが十分にない時代、多くの人が甘いものに飢えていました。砂糖の代用品が出回っていましたが、本物の砂糖に飢えていたので、砂糖の会社は人気企業でした。

黒い石炭を掘り出す会社と、白い砂糖を売る会社という、この2つの産業に東大生は行こうとしていたのです。

しかしやがて、石油がどんどん出てくると、石炭よりは石油のほうがいいということになり、エネルギーが石炭から石油に代わっていきます。これをエネルギー革命といいます。

かつての日本には全国各地に最大で1047もの炭鉱がありましたが、次々に廃鉱に追い込まれて、今では北海道にひとつ残るだけです。

戦後、だんだん生活が豊かになってくると、「砂糖は体によくないんじゃないか」

とか、「甘いものとかカロリー摂りすぎはよくないよね」とか言って砂糖をだんだん摂らなくなっていきます。その結果、砂糖メーカーの売り上げは減ってしまい、砂糖以外の事業に進出しないとやっていけなくなります。

当時の東大を出たエリートたちが人気の会社に入ったまではよかったのですが、まもなくその産業が廃れてきてしまう、ということもあるわけです。

このように企業には寿命があります。

ですから就職や転職をしようとする時に、一番人気の企業というのは、つまりその時が一番の盛りで、それ以降はただ下っていくだけかもしれないということです。

会社にはそういう寿命がありうるということです。

生き延びる会社とは

会社は人間と同じように生まれ、成長し、成熟していきます。そして、何もしないでいると、衰退していくものです。

松下幸之助の松下電器産業（現・パナソニック）、本田宗一郎の本田技研工業、あるいはビル・ゲイツのマイクロソフト社など、カリスマ経営者が起業して、世界的な大企業となることもあります。

リーマン・ショックで倒産してしまった企業もありますし、不況にも負けず、生き延びた会社もあります。

会社にはこのように寿命があり、変化する時代の中で企業が生き延びていくのは大変なことだと思います。

その一方で、会社の仕事を大きく変えることによって、生き延びる会社があります。

たとえば、アメリカのＧＥ（ゼネラル・エレクトリック）の例はよく知られています。ＧＥはもともと、名前の通り総合電機メーカーでした。あらゆる電機製品のほとんどをＧＥは作っていました。東日本大震災で事故を起こした福島第一原発の原子炉も、実はＧＥが作ったものでした。

しかし、やがてアメリカ以外の国も成長し、技術力をつけてくると、アメリカ人よりも安い給料で生産できますから、アメリカ製品はしだいに売れなくなります。

日本や韓国、中国から安い電化製品が大量にアメリカに入ってくることによって、アメリカの電機業界は壊滅します。

今、アメリカでは、テレビ受像機を作っている会社はありません。全部、日本製か韓国製、あるいは中国製になっています。ですからGEが、総合電機メーカーのままでいたら、確実につぶれていたでしょう。

ところが、今、GEは総合金融会社として生き延びています。日本にもカタカナの生命保険会社がたくさんあります。その多くは実はGEなのです。GEは今、総合金融会社として、世界をマーケットにして生き延びているわけです。

フィルム会社3社の明暗

フィルム業界でも大きな波がありました。

私が大学生の時には、日本の富士フイルムとアメリカのコダック、ドイツのアグファ、これが世界三大フィルムメーカーでした。

私は大学生時代、日本全国を貧乏旅行していましたので、使っていたフィルムはだいたい富士フイルムでした。「富士フィルム」ではないですよ、「富士フイルム」です。会社の名前が、フィルムではなくフイルム。富士フイルムが設立されたのは1934年のこと。「富士写真フイルム」として発足しました。その頃は、「フイルム」と表記するのが一般的だったからです。

また、たまにはコダックを使いましたし、ちょっと気取ってドイツのアグファのフィルムを使うこともありました。

コダックという会社の中には研究開発部門がありました。ここがなんと1975年、世界で最初にデジタルカメラを発明したのです。

しかし、そもそもフィルム製造会社。デジタルカメラが普及したらフィルムが売れなくなると会社が逡巡しているうちに、世の中はデジタル化が急激に進み、コダックは経営が傾きます。ついに2012年に倒産してしまったのです。

その後、企業規模を大幅に小さくして再出発しています。

かつては世界中でフィルムといえばみんながコダックと言っていたのに、跡形もなくなってしまいました。

そして、ドイツのアグファというフィルムメーカーも2004年にフィルム部門から撤退してしまいました。

ところが、富士フイルムは生き延びています。ただし、「富士フイルムは何をしている会社ですか?」と女性に聞くと、「化粧品会社です」と答えるはずです。写真用のフィルムも作ってはいますが、今や富士フイルムといえば、医療品や化粧品を作っている会社になっています。

富士フイルムは、デジタルカメラが出た途端、フィルムの売り上げが毎月毎月どんどん落ちていき、まったく売れなくなっていきました。このままではつぶれてしまうという危機感の中で、フィルムを作る技術で何か新しいことができないか、と考えました。

この時に化粧品や医療品にシフトした結果、生き延びることができたのです。

新型コロナウイルスの感染者の治療薬として有効ではないかと脚光を浴びたアビガンを製造しているのは、富士フイルムの子会社の富士フイルム富山化学です。今やフイルムではなく医薬品メーカーとして世界的に有名になりました。

東レの成功、カネボウの衰退

フィルム業界と同様、化学繊維メーカーでも同じような例があります。

戦後、石炭産業、砂糖産業の次に人気になったのが繊維産業でした。その中に東洋レーヨンという会社がありました。

レーヨンという化学繊維を作っている繊維の会社で、売り上げもよかったのですが、その後、安い衣料品が次々出てきたことによって、レーヨンがまったく売れなくなってしまいました。

そこで、技術を生かしてナイロンや樹脂などに手を広げ、さらには炭素繊維を開発します。これが発展して、ついには飛行機の主翼を作れるまでになったのです。

ボーイング787機の主翼のほとんどは、東洋レーヨンの炭素繊維によってできています。ボーイング787機は、乗ってみるとわかりますが、飛行機の中の空気が乾燥しません。

ほかの飛行機では、たとえば東京からニューヨーク、あるいは東京からロンドンに十何時間も乗っていると、空気が乾燥して、静電気が起きます。乾燥でパリパリになって、女性は肌がカサカサになってしまいます。

それは、機体が水分によってさびやすいため、意図的に乾燥させているのです。ところが787機は炭素繊維なので、さびることがありません。機体がさびる心配がないので、湿度を地上と同じくらいに保つことができ、機内が乾燥しないというわけです。

東洋レーヨンはもうレーヨンを作っていないので、社名を変えようということになり、現在は「東レ」と改名しました。東レは何を作っている会社かといえば、炭素繊維も作っている会社、ということになります。

昔はレーヨンという化学繊維を作っていた会社がこうやって見事に生き延びることができたわけです。

会社にはそれぞれ寿命があって、そのままだったらやがて消えていく会社がある一方で、時代の流れに合わせて大きく会社を変えることに成功した会社は、そのまま生き延びることができているのです。

鐘淵紡績という会社は、カネボウと名前を変え多角経営に挑戦してきたのですが、化粧品部門以外は採算が悪化。業績が悪化して、2007年に会社が消滅。化粧品部門は別会社として生き延びています。

このほかでも日本中に店舗を構えた大手スーパーのダイエーや、海外で有名だったスーパーのヤオハンも急激に業績が悪化して、別の企業に買収されてしまいました。

このように会社には寿命があります。

だから、ちょっと人気がある会社だから、ということだけで飛びつくと、とんでもないことになりうるんだ、ということです。

ちょっと人気企業だからとか、大企業でこの会社に入社が決まったと言うと、友達に自慢できるからという、非常にミーハーな考えで企業を選ぶというのは、大きなリスクがあるかもしれないのです。

銀行に就職したエリートたちの行く末

本当に会社というものは皮肉なものです。かつての花形企業があっという間に衰退することがよく起こります。

たとえば、私は大学が経済学部でした。成績がオールAのような優秀な連中は、銀行に就職していきました。卒業してから20年くらいして同窓会を開いたのが、ちょうど1990年前後の金融危機で、銀行がバタバタとつぶれていった時期でした。

銀行に入った優秀な連中は、入った銀行がつぶれてなくなっていたり、肩叩きで別の会社に転職したりという理由で、最初に入った銀行に残っていた人はなんとひとりもいませんでした。

ところが、銀行が復活すると、メガバンクといわれる、みずほ銀行や三井住友銀行、三菱UFJ銀行などが大量に人員を採用していました。しかし、2018年からは募集人員が激減しています。

融資を含めて、銀行員の仕事のほとんどがＡＩに置き換えられるから、という理由です。銀行員は、もうかつてほどの人数は必要ないとなってしまったのです。

時代によって会社というものは、ずいぶん変わるのです。

男女雇用機会均等法以前の女性の就職事情

女性たちの場合、もっと過酷な時代がありました。

今でこそ「女性活躍社会」と叫ばれていますが、私が高校生の頃は大変でした。

私は都立の進学校に通っていましたが、女子の多くは短大を受験しました。学校の先生になりたいという人は四年制の大学を出ていなければならないので、四年制大学に進学しましたが、それ以外の多くは短大に進んだのです。当時は、「女は四年制大学に進むと就職できない」と言われたからです。

四年制大学に行くと、なまじ知恵がついて扱いにくい、といって企業が採用しようとしなかったのです。短大だと卒業する時は20歳です。「ちょうどいいよね」ということになったわけです。

どうして「ちょうどいい」というのか。たとえば、東京の丸の内の辺りには名だたる有名な企業があります。それらの会社で女性社員をどうやって採用するかというと、会社の人事担当者は、その女性がうちの会社の男性社員のお嫁さんとしてふさわしいかどうかを見ていたからです。仕事上の戦力としてはまったく見ていませんでした。

短大を卒業して入社した女性たちは、朝早く出社して、まず机の上の掃除をし、男性社員が出社して来たらお茶を出す、という雑用の仕事をしていました。

それで、23、24歳くらいになって結婚するということになって、上司に「今度、結婚することになりました」と報告に行くと、上司は「そうか、そりゃよかったな、おめでとう。で、いつ会社を辞めるの?」と聞いたものです。

寿退社といって、結婚したら会社を辞めるのが当然、という時代でした。

女子アナの定年は25歳だった

当時、フジテレビの女性アナウンサーの定年は25歳でした。信じられないでしょう。もちろん四年制の大学卒は採用されません。

短大卒なので20歳で入社して、「25歳になったら辞めてもらいます」という契約を結びます。なんと25歳定年制です。

当時、女性はもう25歳を過ぎたら画面になんて出せない、という男社会の勝手な言い分で、25歳で辞めてもらうというやり方でした。

一方、日本テレビは女性がアナウンサーで入って25歳になると、アナウンサーから別の仕事に変えられてしまいました。テレビに出られなくなるわけです。

「これはおかしい！」と日本テレビの女性アナウンサーが「女性差別だ！」と、裁判に訴えました。労働基準法には、女性だからといって差別してはいけないと書いてありますから、「これは労働基準法違反です」と裁判に訴えたのです。その結果、もちろん、女性が勝ちました。

それ以後、日本テレビは、25歳を過ぎてもアナウンサーが画面に出るようになりました。フジテレビも25歳定年制を撤廃します。

今、いろいろなテレビ局で、女性アナウンサーが30歳になっても40歳になってもそれ以上になっても出ていますから、それが当たり前だと思っているでしょうけれど、少し前までは考えられなかったことでした。

女性たちがいくつになっても働きたいと闘い続けた結果、今があるのです。

男女雇用機会均等法前の女性の苦戦

大学時代、私と同じクラスに大変優秀な女性がいました。彼女は新聞記者を志望していて、日経新聞の就職試験を受けました。ところが当時、日経新聞は女性記者を採用していませんでした。彼女はコンピュータのプログラマーとして日経新聞に入社します。

しかし結局、日経新聞を辞めて、ソニーの社長秘書になりました。そのあと今度はハーバードビジネススクールに留学します。当時、ハーバードビジネススクールがどれだけすごい経営大学院なのかということを、多くの日本人が知りませんでした。彼女はハーバードビジネススクールに入学して、日本人女性の第2号として卒業しました。

日本に帰ってきて「ハーバードビジネススクール出身です」と言うと、日本人の多くはどこかのビジネス専門学校だと思って「へぇ、そうなの」で終わってしまっていたそうです。ところが外資系企業は「えっ、ハーバードビジネススクールを出た！ぜひうちに来てください」と、高額の給料を提示し、引っ張りだこになりました。

彼女は外資系企業の部長になり、そのあと今度は自分で日本国債を売買する会社を作って、アメリカに行ってバリバリ仕事をし、今また日本に戻ってきて、いろんな企業の社長や社外取締役をやっています。

彼女と先日久しぶりに会ったら、就職活動がいかに大変だったかということを話してくれました。当時はリクナビやマイナビのような会社はなかったので、就職活動をする時は、大学の就職課に行き、そこに貼り出してあるいろいろな企業からの求人票を1枚1枚見ていくしかありませんでした。「ここ、よさそうだ」と思った会社をメモして応募していたのです。

私は男だったので気がつかなかったのですが、その求人票にはみんな「男子のみ」と書いてあったそうです。つまり、男女雇用機会均等法という法律が施行される前なので、「男子のみ」という募集が、当時は法律的に許されていたのです。

その中で女子も受けられるところを必死になって探したそうです。たまに「女子も可」と書いてある求人票もあるにはあったそうです。ところが、そのあとにただし書きがついていたといいます。

「えっ、何が書いてあったの?」と聞くと、「女子も可。ただし、容姿端麗のこと」。

女子も応募していいけれど、美人でなきゃダメと求人票に書いてあったというのです。今では信じられないことです。今だったらとんでもないことになりますが、当時はそれが当たり前だったのです。

「だから私はダメだったの」というのは彼女の自虐的なギャグなのですが、そういう差別がまかり通っていた時代があったのです。それを考えると、男女雇用機会均等法ができ、男女差別をなくそうという取り組みがあったことで現在があるのです。

まだまだ社会に出ると女性が就職の面、あるいは働く面で、かなりのハンディを負っているところはありますけれど、私の頃に比べると、本当に女性が活躍しやすい場面が増えてきたのだと思います。

数年前ですが、ある地方新聞は6人の新人を採用しましたが、そのうち5人が女性だったそうです。全国紙でも女性のほうが多くなった社が出ています。

私が記者になった当時、NHKだけでなくほとんどの新聞社が記者としては女性を採用していませんでした。今は多くの女性記者たちが、さまざまな分野で活躍しています。時代は変わりました。

第7章

令和時代の働き方

テレワークとキャッシュレス

令和という新しい時代に入って、日本だけでなく世界が新型コロナウイルスの大流行という、大変な危機を迎えています。働き方の観点から見ると、なるべく会社に行かないで仕事をすることが推奨され、テレワークが一気に進みつつあります。

コロナ以前から東京都ではオリンピック開催中の交通機関の混雑を緩和するため、テレワークを進めようとしていました。2012年のロンドンオリンピックでは、ロンドン市内の約8割の企業がテレワークを実施し、交通の混乱を回避できたので、東京でも実施を進めようということになったのです。

コロナの流行を食い止めるためのひとつの策として、テレワークが進みました。NTTグループやGMOインターネットグループなどは早々に全社的にテレワークに入り、出版社ではオリンピックに備えていたKADOKAWAがいち早くテレワークを実施しました。オリンピック開催中、テレワークを実施しようとしていた企業は、今回のことでテレワークができることがわかったのではないでしょうか。

やろうと思えば実施できる職種では、今後もテレワークが進むでしょう。私の知り合いの編集者も、結婚して岡山に行きましたが、子育てをしながら私との原稿のやりとりを全部、岡山にいてこなしています。

今回のコロナ問題で、もうひとつ進んだのがキャッシュレスです。感染を防ぐために、人と人との接触をなるべく避けたい、ということからでしょう。私自身、タクシーに乗っても、お金を出しておお釣りをもらったりしたら、何だか運転手さんに悪いという気がしてしまいます。

想定していなかったコロナウイルスの流行が、政府が進めようとしていたテレワークとキャッシュレスを推進したというのは、何とも皮肉なことです。

崩れた終身雇用

令和に入って増えている事例に、企業が早期退職制度を導入するということがあります。しかも大企業で増えています。

新卒で入った会社に定年までいるということは、すでにだいぶなくなっていますし、かなり早い段階で肩叩きにあってしまうことも増えています。終身雇用が崩れてしまったということが実感できます。

肩叩きというのは、上司が社員の肩を叩きながら、「そろそろ君も次の人生を考えたほうがいいのではないか」と退職や転職を勧めることをいいます。「肩を叩く」というのは、「ご苦労さん」という意味があります。そこから転じて退職を勧める、つまり退職勧奨のことです。

昔は終身雇用の企業が多く、毎年給料は上がり、とりあえず定年までに部長という役職くらいにはつけるのではないかという見通しが立ちました。ですから定年まで勤める人が多かったのですが、これだけ低成長が続くと給料は上がりませんし、長くいても空いている役職がないので、なかなか明るい見通しが生まれません。

こういう時代だからこそ、転職した時に自分に何ができるか、実力や能力を身につけることが大事になるでしょう。自分の〝売り〟はこれなんだというものを持たないと転職もうまくいきません。

こんな話があります。ある会社で部長として働いていた人が定年で会社を辞め、ハローワークで職探しをしたそうです。そこで窓口の人から「何ができますか」と聞かれたら「部長ならできます」と答えたという……。

なんで部長ができたかというと、ひとつの会社にずっといたので、社内の人をよく知っていて、何かの企画を通そうとすると、あの人に話をすればいいとか、ここで根回しをすればいいということができていたからです。

しかし、転職した会社ではそういう人脈がないわけですから、部長はできません。そこで「あなたは何ができるんですか」ということが問われるわけです。

実力や能力がある人は、海外のエリートのようにどんどん転職しています。

出版業界も業界内での転職が多い職種です。ベストセラーになるような本を企画できる編集者は、引く手あまたで転職が容易なのです。私の担当の編集者が別の会社に移ったというケースはとても多いのです。今後、出版以外の企業でもそういったことが増えてくるでしょう。

規制緩和で大きく変化した企業

規制緩和が進むことによって、企業の方向性や働き方にいろいろな変化が起こっています。たとえば、国鉄や専売公社、電電公社は民営化されましたが、それまでは国によって守られていました。

国鉄は「日本国有鉄道」といいました。まさに日本という国が持っていた鉄道です。国営ですから倒産の恐れがありません。お客が減ったり貨物が減ったりしても危機感がなく、「会社を立て直そう」という意識が職員から生まれませんでした。民営化され、ＪＲとなってからは、民間の鉄道会社と競争しながらサービス向上に努めるようになりました。

専売公社は、かつてはタバコと塩を専売、つまり専門に売る会社でしたが、民営化されてＪＴとなり、今や冷凍食品の分野で活発な仕事をしています。

電電公社は「日本電信電話公社」といい、日本国内の電話と電報を一手に引き受けていました。競争相手が存在しなかったので、電話料金は高く、「電話を取り付けてほしい」と頼んでも、何カ月も待たされることもありました。それがＮＴＴとして民営化され、ライバルの電話会社が続々と生まれたことで、電話料金は劇的に安くなり、サービスも向上しました。

電話料金が安くなったので、みんな気軽に電話をするようになり、結果的に電話料金収入は増えました。民営化の威力です。

あるいは天気予報を出すのは気象庁だけというように、権利を国が守っていました。気象庁を辞めると、日本気象協会という国土交通大臣所管の財団法人に天下りをしたりしていました。テレビやラジオで天気予報を伝えるのは気象協会の人だけだった時代、失礼ながら「面白く伝える」という姿勢も技術も欠落していました。

昔は気象業務法という法律によって、気象庁の予報官以外が天気予報を出すことは法律違反でした。それが気象予報士という国家資格が作られて、その国家資格があれば誰でも天気予報が出せるようになり、民間の会社でも天気予報ができるようになったのです。

民間の気象情報会社としてウェザーニュースなどが放送現場に進出すると、「わかりやすい」「面白い」と評判になります。ライバル出現に慌てたのでしょう、気象協会の人の説明も急激に改善されました。競争が起きると内容が改善される。天気予報の分野でもそうなったのです。

航空業界も大きく変化しました。かつては日本航空と全日空という大手の航空会社が独占的な状態で、運賃も一律に決められていました。航空会社で働く人はとても高給取りでした。

しかし規制緩和によって格安運賃の航空会社ができて、運賃がどんどん安くなった結果、特に客室乗務員の給料は安くなってしまいました。客室乗務員の人気は昔ほどではなくなりました。もちろんまだ人気の職種ではありますが。

また、かつては酒類を販売するには免許が必要でした。酒屋さんが一軒あれば、何メートル以内に酒屋さんを作ってはいけないという決まりもありました。それが規制緩和によってコンビニでも酒を売ることができるようになり、激しい競争になりました。酒を置いておけば、何もしなくてもお客が来るのを待っていればいいというような昔ながらの商売は成り立たなくなってしまいました。同じことがお米屋さんにも起こりました。

それは薬屋さんも同じです。昔は薬局といって、薬を売っている店の数は限られていました。それがマツモトキヨシのようなドラッグストアができて、昔のような薬局は成り立たなくなっています。

規制緩和によって激しい自由競争になると、こういうことが起こるのです。

テレビ業界でも異変

自由競争がない業界として、最後に残っていたのが放送業界でした。放送法によって放送免許がないと放送できなかったので、放送局の数は限られていました。ですからテレビ局の正社員だと、高い給料をもらえていました。

それが今、テレビ業界にも大きな変化が起こっています。人工衛星が打ち上げられて、放送衛星を使ったBS放送と、通信衛星を使ったCS放送という衛星放送が始まりました。通信衛星を経由すると、「放送」ではなく「通信」になるので、放送法が適用されません。自由な放送ができるようになりました。

結果、家庭のテレビのリモコンで多数のテレビ番組を視聴できるようになりました。チャンネル数が増えれば競争も激化する。結果的にテレビ業界でも競争が激しくなって、大手テレビ局の社員の給料が上がらなくなってしまいました。

また、広告収入に頼るこれまでの民放と違って、WOWOWやHulu、Amazon Prime、Netflixなどは有料放送です。お金を払って見るのですが、人気の映画が見られたり、独自のドラマを見ることができるようになったりした結果、お客が激増しました。

これまでテレビ局の仕事を請け負っていた制作プロダクションも、HuluやAmazon Prime、Netflixの仕事をするようになっています。地上波の民放テレビ局は、どこも制作費を削減され、ギリギリの予算で制作しています。ところがHuluやAmazon Primeは制作費が潤沢です。そうなると、優秀な人材はそちらに移っていきます。

こうした外資系企業は、まずはお客を獲得しようとしますから、お金をかけても面白い番組を作ろうとします。なので制作費が潤沢なのです。2020年のエミー賞（アメリカのテレビ番組の賞）ではＨｕｌｕやＮｅｔｆｌｉｘの作品がノミネートされていました。特にＮｅｔｆｌｉｘは、3作品が24部門でノミネートされました。2020年の自粛期間中は自宅でＮｅｔｆｌｉｘの連続ドラマ「愛の不時着」を見てハマってしまったという人が続出したほどです。

最近では新しいテレビを買うと、リモコンにＨｕｌｕとかＮｅｔｆｌｉｘのボタンがついています。それを初めて見た時は、「あっ、これでもう大手テレビ局は大変な時代になった。テレビは危機だな」と思いました。

これからテレビ受像機はネットとつないでＨｕｌｕやＮｅｔｆｌｉｘを見る端末になりかねません。地上波はつまらないからと見る人が減ってしまうでしょう。地上波の視聴率がどんどん下がっているのはこういった背景があるからなのです。

私の学生時代は民放で視聴率が20％いくと高視聴率番組だと言われていました。私がＮＨＫを辞めて民放に出演し始めた頃は視聴率が15％超えると高視聴率番組だと言われました。今、12%を超えると、「おー、よくやったね」と言われ、10%超で「よかった、よかった」というありさまです。ゴールデンでも視聴率が一桁という番組が続出しています。ひと昔前なら、若い人が新聞を読まないと嘆いていましたが、今の若者は新聞どころかテレビも見なくなってしまいました。

もうひとつ、テレビ離れの大きな原因がYｏｕ Tｕｂｅです。小学生にとって将来なりたい職業の第1位がYｏｕ Tｕｂｅｒになるほどですから。大学の授業で若い人にテレビ番組の話をしても、みんなポカンとして話が通じなくなってしまいました。人気Yｏｕ Tｕｂｅｒの名前はみんな知っているのですが……。

とうとう私もYｏｕ Tｕｂｅを始めました。「池上彰と増田ユリヤのYｏｕ Tｕｂｅ学園」といいます。始めてみると、テレビ番組の作りとまったく異なります。制作費はほとんどありませんが、そこは創意工夫で乗り切れます。放送時間に縛られることなく、時間も自由。見る側もいつでもどこでも視聴できます。人気が出るわけだと思います。

出版業界も再販法（出版社が書籍や雑誌の定価を決定し、小売書店等で定価販売ができる制度）でギリギリ守られていますが、今後はどうなるかわかりません。Ａｍａｚｏｎで本が買えるようになって、小売りの書店がどんどんつぶれてしまいました。

国家資格のある職業も厳しい時代

消費者の立場だと、規制緩和によっていろいろなものが安くなって嬉しい反面、そこで働いていた人たちは給料が上がらなくなるということが起こったのです。今、免許で守られているのは医師と歯科医師くらいかもしれません。免許がなければ開業ができないという、国家資格が必要な職業です。

しかし医師や歯科医師も、開業している人やこれから開業しようとしている人は、医院の数も増え、競争が激しくなっています。あらゆる聖域がなくなり、これからは医師たちにも営業能力が必要とされる厳しい時代なのです。

弁護士も昔は人数が限られていましたが、アメリカのようにもっと弁護士がいろいろなところで活躍できるようにしようといって、司法試験改革を行って合格者の人数を増やしました。毎年大量の合格者を出した結果、あまり仕事がない弁護士が激増します。弁護士は個人事業なので、収入が高い人と食べていけない人という、二極化が進んでしまいました。

日本ではアメリカのように訴訟を起こす人も少ないため、弁護士資格を持ったまま企業に就職をして、企業の法務部でビジネスパーソンとして働く人も増えています。

今後は民事訴訟でも刑事訴訟でも過去の判例と判決の量刑をデータに入れておけば、ＡＩが瞬時に判断を下す時代になりそうです。弁護士の仕事の需要が減るかもしれません。ますます弁護士にも厳しい時代となりそうです。ＡＩには通じないかもしれない情状酌量の余地もほしいところですが、弁護士も安定した職業ではなくなりそうです。

１９６０年代、植木等の「サラリーマンは気楽な稼業と来たもんだ」という歌がヒットしましたが、そんな時代とは、大きく変わってしまいました。昔のようにある程度免許で守られるということがなくなり、個人の力が重要視される時代になったと思います。

ある程度の年齢の人たちはなかなか適応するのが難しいかもしれませんが、逆に若い人たちは規制緩和前を知らないので適応できるのではないでしょうか。「昔は電電公社というものがあって、電話をひくには多額の費用を払ったうえに何カ月も待ったんだ」なんて話をすると、みんなキョトンとするわけですから、若い人にとってはやりがいのある時代かもしれません。

「石の上にも3年」は死語

今、新卒で入った若い人たちが3年を待たずに辞める例を聞くようになりました。厚生労働省の調査によると平成28年度の大学の新卒者の離職率は32％。3人に1人は辞めているのですね。そのうちの11・4％が1年目に辞めています。

今は転職サイトもたくさんあり、ヘッドハントも行われています。新型コロナウイルス問題が起こる前は、氷河期ではありませんでした。

バブル崩壊後の就職氷河期時代は、辞めたらその先がないと思う人が多く、転職に一歩踏み出せなかった人もいるでしょうが、その後は気軽に転職ができるようになっていました。

昔と違って景気がいい時代は、就職しても自分と合わない会社だったらさっさと辞めて転職するという時代になりました。昔は石の上にも3年、辛いことがあっても3年間は我慢しろと言われたものですが、今はもっと待遇のいい会社にさっさと行ったほうがいいという考え方になっています。

バブル崩壊後の就職氷河期時代は日本経済がどん底でした。氷河期の時に就職できなかった人たちが非正規労働で働いてきて、40代になっています。しかし、どんなに経営が苦しくても、会社を維持させようとするなら、企業は歯を食いしばってでも、毎年、何人かは採用しないといけないと私は思います。

非正規問題もそうですが、あの時に何年も新卒を採用していなかったために、今、中堅がいなくて困っている企業がけっこうあると聞きます。管理職を任せたいその年代の社員がいなくて困り、中途採用をしたりしています。

兵庫県姫路市の市役所で氷河期世代の人を対象に3人を募集したら、なんと500

人も応募があり、急きょ採用を4人にしました。これを知って「これではいけない」と、氷河期時代の公務員などの人たちを採用しようという動きが出てきました。

今は新型コロナウイルス感染拡大で多くの企業が苦境に陥っていますが、ここで安易に新規採用を止めてしまうと、いずれまた人材不足に悩まされるはずです。将来を見据えて、人材採用を止めないでほしいと思います。不景気の時には優秀な人材を採用できると言いますし。

時代の変化を受け入れる

就職氷河期が続いたあと、2008年のリーマン・ショックでも就職が難しくなりました。また、会社が倒産したり、経営困難になったりして、たくさんの人が職を失います。

日本の経済がどっと落ち込み、都内では会社をクビになってタクシー運転手になった若い人がたくさんいました。あるいは地方で仕事がなくなったので東京に出てきたという運転手も増えました。この中には東京の地理をよく知らない人も大勢いました。「○○に行ってください」と言っても、「え、どうやって行ったらいいかわかりません」というようなことが頻発しました。お茶の水でタクシーに乗り、「東京駅へお願いします」と言ったら、「どう行けばいいんですか?」と問い返されて絶句したこともあります。

今ならカーナビで道順はわかるので、初心者でも務まるようにはなりましたが。ちょっと冷たい言い方になりますが、タクシー運転手としてのプロ意識に欠けているということです。タクシーの運転手になったら道を知らなければ仕事になりません。必死になって道を覚えなければならないのに、「新人なんで道がわかりません」と平気で言えるのは、どういうことでしょうか。「ああ、こういう人なら前の仕事を失うのも当然だよね」と思ってしまったのです。AIが導入されたら、こういう人たちが真っ先に失職するでしょう。

時代とともに変化することを受け入れ、いかに生きていくかということはなかなか難しい問題ですが、やはり努力は必要なのです。

アメリカ人の転職の考え方

アメリカのエリートたちはステップアップのために転職を繰り返すことがごく一般的です。しかし、実は工場労働者など、多くの労働者は基本的に転職しません。生まれ育った土地から出ることなく、家から通える会社に就職をして年を取るまで勤め上げます。これまでは、それでよかったのでしょう。

しかし、東西冷戦が終わって世界経済がグローバル化した結果、自動車産業や鉄鋼産業などアメリカの企業の多くが衰退したり、海外に転出したりしています。結果的に、そこに住んでいる人たちの仕事がなくなってしまいました。

アメリカのドナルド・トランプが大統領に当選できた大きな要因のひとつは、仕事がなくなった労働者の心をつかんだことです。「オレが大統領になったら、海外に移転した企業を呼び戻す。中国など外国からの輸入品に高い関税をかけて、アメリカ製品を守ってやる」と言ったことが、失業者たちの熱狂的な支持を得たのです。

一方、いわゆるエリートたちはどんどん転職しますが、それにも日本とは違う理由があります。

アメリカでは日本のような転勤制度もなく、ある程度の仕事に就くと、契約書に「ここでのあなたの仕事はこれです。給料はこれだけです」と全部書いてあります。するべき仕事も給料の額も定められているのです。つまり、そこにいて同じ仕事をしているかぎり、給料はずっと同じということです。

日本のように毎年少しずつ上がっていくベースアップという概念がまったくないので、契約した仕事で年俸いくらということが、全部決まっているわけです。

余計な仕事をやる必要もない代わりに、余計なことをやるとその仕事の担当者から文句が出ます。そこでステップアップするためには、会社の中で別の空いているところにアプライつまり応募するか、ほかの会社に行くかということになります。ですから、野心があって上昇志向がある人たちは、転職をしてステップアップするのです。

副業についてどう考える？

今、日本では国も副業を認めるようになってきています。これを利用して、本業に影響や支障がない程度に、副業によって自分の将来のことを考えるという選択肢もあるのではないでしょうか。いずれ独立をするとか、自分ならではの生き方を模索するチャンスが与えられたと考えてみてはいかがですか。

終身雇用が崩れた今、就職してからも自分の得意な分野や、興味がある分野の仕事を副業としてやってみるのもいいかと思います。

あるいは50歳くらいになって、管理職になるのではなく、会社を辞めて個人事業主としてその会社と契約をしてみるという道もあります。

これまでやっていた仕事を請け負うとなると、企業にしてみれば、その人を社員として抱え込んでいる必要はありません。その仕事だけを発注すればいいので、企業にとっても経費が減るのでメリットがあります。そういうケースは、これからもありうるのではないかということです。そしてその人は退職した会社以外のところとも取引をすればいいということです。

個人事業主になれば定年もありませんから、自分がここまで、と思うまで働くこともできるようになります。考えてみると、私自身もその選択をしていたのです。

日本人はハッピーリタイアできる?

アメリカでは定年制をとっていない企業もありますが、多くの人は60歳くらいでリタイアします。アメリカ人は早くリタイアして、老後はフロリダで悠々自適に暮らしたいという夢がありますから、いつまでも働き続けたいという発想はありません。

一方、日本では定年がどんどん延長されています。もちろん強制的なものではなく、60歳を過ぎても働きたい人はこれからも雇用を認めてあげますよ、辞めたい人は辞めてもいいですよ、という仕組みです。

なぜこんなに働くことについての意識が異なるのでしょうか。そこには宗教が関係しています。

アメリカに限らずキリスト教社会では、労働は神から与えられた罰という考えが根づいています。『旧約聖書』には、エデンの園でアダムとイブが神様の言いつけを破って知恵の木の実を食べ、知恵がついてしまうことが書かれています。このことで神の怒りを買い、楽園から追放され、人間の苦難が始まったというのです。

エデンの園には食べ物が何でもあって、働くことも一切なく、裸で悠々自適の生活をしていましたが、神は言いつけを破ったアダムとイブに対して罰を与えます。アダムには「これからお前は死ぬような思いをして固い土を耕して、食べるものを育てなければいけない」と言います。要するに罰として労働＝Ｌａｂｏｒ（レイバー）を命じるわけです。

一方、女性であるイブに対しては「これから苦しんで子どもを産まなければいけない」と言います。出産も英語ではＬａｂｏｒです。Ｌａｂｏｒには労働という意味と、出産という意味があるのです。

労働と出産は神の罰。神からの罰として労働しなければならないのであれば、一刻も早くリタイアしたいと考えませんか。これがキリスト教的な考え方です。早くリタイアして、第2の人生をどうしようかと考えます。

アメリカのエリートがなぜバリバリ働いているかというと、若いうちに大金を稼いで早くリタイアしたいからです。40代後半くらいでリタイアできれば、それこそが「ハッピーリタイア」、もう幸せということになります。

これが日本だと、年を取っても働けることはやりがいがあるとか、定年後も働いていないと後ろ指をさされるとかいうように、「なに遊んでるんだ」と見られてしまいます。

宗教的な背景がないので、むしろ何歳になっても働いて、自分は社会から必要とされている、会社から必要とされていると感じられれば、それが生きがいになります。

退職してしばらくしてから会社に行くと、みんなが「わぁ、お久しぶりです」と言って歓迎してくれますが、2回目、3回目になると、みんなが冷たくなります。そうすると「あぁ、俺はもう必要とされていないんだ」と思って落ち込んで、うつになったり、会社に対する恨みを持ったりする人もいると聞きます。いつまでも会社に引っ張られてしまうのです。

実業家でプロの経営者でもある松本晃さんという人がいます。伊藤忠商事からジョンソン・エンド・ジョンソンに呼ばれて社長となり、次に会長兼ＣＥＯ（最高経営責任者）としてカルビーに行って、あっという間に経営を立て直します。その後、カルビーを辞めて今度はライザップグループに呼ばれて代表取締役ＣＯＯ（最高執行責任者）になると、経営方針を洗い出します。「なんでこんなに無意味な企業買収をしているんだ」と、会社の買収をやめさせ、本業に集中させます。

松本さんこそは、本当にプロ中のプロの経営者。伊藤忠商事のサラリーマンだった当時から、会社の中だけではなく、競合他社にまで名前が轟き渡っていました。だからこそ、「松本さんをほしい」という企業が続出したのです。

さらに松本さんの素晴らしいところは、辞めたらすっぱりその会社に行かないことです。顧問や相談役などで残らず、辞めた会社には顔を出さないという、潔さがあるのです。

定年後をどうするか

日本では定年後、やることがないという人もいますが、海外では在職中からリタイアしたら何をするかということを一生懸命考えています。そこが大きな違いです。

リタイアすれば、少なくとも時間だけは豊富にあります。その時間を無駄にしないように、働くようになったら、「リタイア後に何をするか」を考えてみる。それはそれで楽しいひとときになるはずですよ。

これもよく見る光景ですが、リゾート地に行くと欧米の人たちはひたすらプールサイドに寝そべって本を読んだりして、ゆったりと何もしないで過ごします。

しかし定年後、夫婦で旅行している日本人は、オプショナルツアーとか買い物とか、びっしり予定を入れてしまいます。長年、年に1カ月間の休暇を取ってきた国の人と同じように考えることは難しいのかもしれませんね。

公務員を65歳定年にするなど、今、定年が延長されている理由は、働ける人は働いて税金を納めてほしい。そして年金を支払わないで済むようにしたい、という国としての目的があるからです。

そんな中でも働けるかぎりずっと働くのか、それともさっさとリタイアして好きなことをやって過ごすかは、それぞれの考え方で決めることができます。自分で決めるという、まさに個人の価値観が問われる時代なのです。

人生100年時代でいうと、60歳か65歳で辞めても、まだあと30年、35年とあるわけですから、もう1回再就職しても勤続30年になります。

また日本の男性の健康寿命は、寿命よりも少し前の段階で仕事ができなくなったりするので80歳くらいだとします。それでも定年後、20年くらいあることになります。長寿社会では第2の人生、第3の人生を考える必要があるということです。

社会の変化に若い人は柔軟に対応できるかもしれませんが、50歳、60歳を過ぎるとなかなか難しいのかもしれません。労働の仕組みが変わった時に、スムーズに移行できるかが重要になるのではないでしょうか。

時代にうまく合わせる能力を、自分でどれだけ築いていくかということが大切です。

世界史で習う「ラッダイト運動」というのを知っていますか。「機械打ち壊し運動」とも呼ばれます。

19世紀のイギリスで起きた産業革命。繊維産業の製造現場で機械化が進んだことで、それまで手作業で仕事をしていた職人たちの仕事がなくなります。失業して怒った職人たちは、機械を次々に破壊したのです。この運動を指導したのがネッド・ラッドという人物だとされ、その名前を取ってラッダイト運動と呼ばれますが、ラッドが実在していたかどうかは、実は不明なのです。

仕事を失った人たちが機械を破壊したところで、機械化は経済発展に不可欠ですから、結局、この人たちは逮捕されるなど一掃され、機械化は進みました。

今、現代版ラッダイト運動が起こっています。アメリカで自動運転の自動車のテスト中にその自動車を襲撃するそうです。これからはタクシーやバスの運転手の仕事がなくなってしまうという危機感を持った人たちが、自動運転車を傷つけるという行動に出たと見られています。

タクシーの運転手でもバスの運転手でも、普通免許ではなく二種免許が必要です。

自動車学校に通って取得しなければなりません。これも国家資格によって守られていましたが、自動運転になった途端、資格はいらなくなってしまいます。利用者にとってはとても便利ですが、働いている人たちにとっては、いきなり仕事がなくなるわけです。しかし打ち壊し運動をしても、変化の流れは止められません。

そんなことをするよりも、単なる運転ではない働き方を考える。ＡＩにはできないオーダーメイドのサービスを考えて、付加価値をつけなければ時代の流れに対応していけない時代が、すぐそこまで到来しているのです。

雇用延長はするべきか

働き方改革では高齢者の労働力も求められています。別の目標があったり、働かないで年金で暮らしたりという人以外は、やはり会社に残って働くというケースが多いと思います。

雇用継続になると、ほとんど給料が半分から3分の1になります。そしてかつての自分の部下が上司になって、その指示のもとに働くことになります。元部下もやりにくいでしょうし、なんとなくぎくしゃくするのではないでしょうか。

一方、その会社の中で働いたことによって取引先の人に気に入られて、来てくれと言われることもけっこうあります。

理想をいえば定年退職後も会社にずっとしがみついているよりは、それまでの間に副業なりなんなりで身につけた能力を生かして、まったくの別天地で第二の人生を歩むというのが精神衛生上いいのではないでしょうか。

基本は会社に頼らない生き方をすべきだと私は思っています。会社のために自分があるわけではなく、自分のために会社を選んだわけですから。

もちろん、その会社に入った以上会社を発展させなければいけないのですが、結局は自分の成長に資するかどうかということです。全部、自分のエネルギーを吸い取られてしまって、自分が成長できないというのがブラック企業です。退職後もこの点を考えてみてはいかがでしょうか。

別天地で第二の人生をと言って、一時期、蕎麦打ちを始めて退職金で蕎麦屋を開くというのが流行りました。ですが、なかなかうまくいかないケースが多かったようです。本当に蕎麦屋を開くことが夢だったら、在職中から準備することをお勧めします。退職してからの思いつきではなかなか成功しません。

年金だけでなく、いくらかの収入を得ようと思った時、交通誘導員などをする人もいます。『交通誘導員ヨレヨレ日記――当年73歳、本日も炎天下、朝っぱらから現場に立ちます』という実際に体験したことを日記形式で綴った本が売れました。出版の編集者だった著者が年を取って、編集の仕事がだんだんなくなってきたので、交通誘導員になって深夜作業もしているという老人の悲哀を描いたものです。

定年後、年金だけでは不安なので週に2回から3回程度、アルバイトをするという働き方は一般的ですが、高齢者には辛い仕事もあるのです。

また、市役所や区役所が、高齢者の能力を生かして短時間の働く場を提供するという試みもあります。東京・練馬区の「シニアナビ練馬」という、高齢者の社会参加を支援するポータルサイトもそのひとつ。小学生の登下校の見守りの仕事もあり、それをしていた高齢者が、下校途中の小学生が襲われたのを助けたことがニュースになりました。これぞ「世の中のために自分が役立っている」と自覚できる仕事ですね。

女性の場合は、ファストフード店やスーパーのレジなどで活躍している人も多いですね。地域の人なので信頼できますし、気配りや目配りもできて、雇う側も安心できて人気なのではないでしょうか。

第8章 私が歩いてきた道

中学生に出した宿題と働く意味

今回、中学2年生に公開授業をするにあたって、事前に生徒たちに「周りの大人がどんな仕事をしているのか、そしてどうしてその職業に就いたのか聞いてくる」という宿題を出しました。そこからはいろいろなことが見えてきました。

単に家計のためという目的以外に、社会貢献したいという気持ちを持っている人もいました。パートに出ているお母さんの場合でしたが、家計を助けるという大きな目的以外に、社会に何か貢献したいという目的を持っていました。お金を稼ぐためだけではなく働いている大人がいることを、中学生たちにもわかってもらえればいいなと思いました。

また、希望した会社に就職したけれど、望んでいた部署ではなかったというお父さんは、それも縁だと考えて今も同じ部署で働いているそうです。

反対に父親はいくつか転職したけれど、頑張れば最後は自分の好きな仕事に就けると言ったお父さんもいました。

第一志望の会社に入れたとしても、みんながみんな希望通りの仕事ができるとは限りません。思いも寄らない仕事になる可能性もあります。その時、どう考え方を切り替えるか。そんなの嫌だと言ってほかの仕事に変わるのか。いやいや、これも縁だから、と言って続けるのか。それぞれの考え方によって変わっていくと思います。

また、車の修理をしているお父さんは、その仕事が大好きで、うちに帰ってきても車をいじっているそうです。好きな仕事をして、なおかつ車が故障して困っている人の役に立って喜んでもらえるというのは、すごくいいことだと思います。人の役に立てる、ということも仕事をするうえでとても大切なことです。

ほかにも家業を継いだ父親を親孝行だと思っている生徒や、母親は自分たちのために近くでパートをしてくれているという生徒がいて、みんな、親のことをよくわかっているなと感じました。

学校の先生に聞いた生徒は、先生になるのは大変なのに、そのために頑張って努力してなったことがすごいと感じたそうです。

大人たちは仕事に就いたきっかけもそれぞれあり、今もいろいろな思いで仕事をしていることが伝わったと思います。

それでも子どもたちには夢を持ってほしい

私が中学生たちに、働くということに関してぜひ言いたかったのは、夢を大事にしてほしいということでした。

「将来はこういう仕事をしたい」「やってみたい」という気持ちを大事にしてほしいのです。ただ、大事にしてほしいけれど、だからといって全員、その夢がかなうかというと、残念ながらそうはいきません。それでも夢を大事にしてほしいのです。

たとえば小学校の低学年くらいの男の子は、野球選手かサッカー選手が夢の職業です。プロ野球の選手になったり、サッカーでヨーロッパリーグに行って活躍したりしたいなんて思っている子どもたちがいっぱいいます。最近だとラグビーでしょうか。ラグビーで活躍したいと思っているかもしれません。

それが中学生くらいになってくると、本当に優れた特別な人間にはかなわないということがわかってきます。その夢を追うことに、挫折をせざるをえないということになります。

夢があってなりたいものになりたい、だけどなれない、ということはもちろんありうるということです。

それでも、夢を持ち続けていると、たとえば、サッカーの選手になりたいと思っていたけれど、結局、サッカーの選手にはなれませんでしたとなっても、スポーツ用品メーカーに就職をし、サッカー選手たちの要望を聞きながら、サッカーで使うさまざまなスポーツ用品を開発する部門にいるということがあるかもしれません。

あるいは、スポーツ雑誌の編集者や記者として、サッカーをずっと取材するということができるかもしれません。

サッカー選手にはなれなかったけれど、サッカーを仕事にするということはできる、ということがあるわけです。

夢が完全にかなう人もいるけれど、そうではない人もいます。だけど、そういう夢をずっと持っていてほしいと思います。

私の人生を決めた一冊の本

私自身が子どもの時からどんな夢を持ち、そしてどんな道を歩んできたのかをお話ししましょう。

私の場合は、小学校6年生の時に出合った一冊の本が人生を決めました。地方で働く新聞記者のドキュメンタリーの『続　地方記者』という本を、たまたま家の近くの本屋で見つけ、自分の小遣いで買ったのです。朝日新聞社から刊行された本で、その前に出た『地方記者』の続編です。

ライバルの新聞記者と特ダネ競争をしたり、あるいは殺人事件の犯人を警察より先に突き止めて、その犯人に自首するように説得をしたり、地方の支局で働いている新聞記者がどんなことをやっているかというドキュメンタリーです。

この本を読んで「面白いな」と思いました。当時、テレビでニュースをきちんとやっているのはＮＨＫだけで、民放はどこもニュース時間はわずかなものでした。取材をしてニュースを伝えるとなると、それは新聞しかない時代です。

「よし、将来、地方で働く新聞記者になりたい」と思ったのが小学校6年生の時でした。

中学では天文気象部に入りました。天文とは宇宙のことですが、私は気象のほうに興味があったのです。

私が入った中学は校舎の屋上に雨量計があって、毎日毎日その雨量計のデータを記録して東京管区気象台に報告をする、という役割をしていました。今ではアメダスという自動測定装置があって気象庁に自動的にデータが送られてきますが、当時は人間が観測して報告していたのです。

雨量を計り、天気の様子を見るということが「あー面白いな、将来、気象庁の予報官になりたい」と思ったのです。今は気象予報士という人たちがいますが、当時は気象業務法という法律で気象庁の予報官以外の人が天気予報を出すことは違反でした。天気予報を民間人がやってはいけないと法律で決められていたのです。

天気予報を出せるのは気象庁の予報官だけ。ですから私は、自分が天気予報を出したい。あるいは、台風が来た時に台風に対しての注意を呼びかける、そんな仕事をしたい、と思って気象庁の仕事に憧れたのです。

ところが、高校に入ってどうすれば気象庁の予報官になれるかを調べたら、まず、気象大学校というところに入らなければいけないことがわかりました。そこで気象庁の予報官としての養成を受けるのですが、気象大学校の入試は数学と物理の比率が高いという、バリバリの理科系であることがわかったのです。

私はというと、高校の時から数学がだんだん苦手になり、数学が苦手になるとなぜか物理も苦手になってしまいました。数学も物理もこの成績ではとても気象庁は無理だ、となって気象庁の夢を断念せざるをえませんでした。

最後まで迷った新聞社とNHK

気象庁予報官の夢を諦めた私でしたが、高校3年の時の授業で、「政治経済」の授業がとても面白かったものですから、大学は経済学部を選び、進学しました。
そして、さあいよいよ就職活動、となった時、小学校の時に新聞記者になりたいと思っていたという、その思いがまた募ってきて、新聞記者になりたいと思いました。新聞記者になりたい。そんな思いが揺らぐ事件がありました。

あさま山荘事件です。

今では信じられないでしょうが、1970年前後の日本には、武力を使って革命を起こそうと考える過激派がいくつも存在していました。そのうちのひとつが連合赤軍でした。

連合赤軍というのは、2つのグループが一緒になっていたので「連合」です。「赤軍」というのは「共産主義革命を起こす軍隊」という意味です。「赤」は共産主義のシンボルの色なのです。

ひとつのグループは、「日本で革命を起こすためには金が必要だ」と言って銀行強盗をして金を集めました。もうひとつのグループは、「革命を起こすためには銃が必要だ。武器を持って総理官邸を襲撃しなければならない」と言って銃砲店を襲撃して銃を持っていました。

銀行強盗をしたグループと銃を奪ったグループが一緒になった連合赤軍は、群馬県の山の中で、総理官邸を襲撃する訓練をしていました。それが群馬県警に見つかってしまって、山を越えて北側に逃げます。下りたところが軽井沢。そこの「あさま山荘」という河合楽器の保養所に逃げ込みました。彼らは山荘の管理人の奥さんを人質にとって立てこもったのです。山荘を包囲した長野県警や警視庁の警察官に向かって彼らは銃を発砲します。

最終的には警察が突入して事件は解決しますが、警察官2人が殺され、まったく関係のない人も1人殺されて、彼らは制圧されます。

この3人が殺されるという事件をテレビは生中継したのです。

彼らが立てこもっている間、毎日毎日、テレビ中継が続きました。NHKと民放を合わせた視聴率が90%近いという国民注視の事件でした。

これを見ていて私は、これからは新聞よりはテレビの時代かもしれないなと思うようになりました。NHKに入社すると必ず地方勤務になり、地方記者から始まることを思い出しました。ＮＨＫを受けて地方記者から始めるという手もあるな、と考えたわけです。

当時の就職協定は大学4年生について7月1日から採用活動開始と決められていました。でも、この協定を守っていたのはマスコミだけ。最初の学科試験が7月1日にありました。

7月1日は、朝日新聞、毎日新聞、読売新聞、共同通信、そしてＮＨＫという5社が、一斉に学科試験をします。ということは、このうちの1社しか受けられません。この頃は、まだ新聞記者の道にも未練があったので、朝日新聞社とＮＨＫの両方に願書を出しました。どちらを受けようかと前の日まで悩んで、結局、ＮＨＫを受けて、ＮＨＫに記者として入社することになったのです。

初任地は島根県の松江放送局

ＮＨＫに採用されると、初めは必ず地方の放送局に勤務します。まずは地方で経験を積ませるのです。そのうえで本人の意向や実績をもとに、その後の異動が決まります。

研修の途中で、どこに行きたいかという希望を聞かれます。ＮＨＫは希望をよく聞いてくれる会社でした。同期のアナウンサーで「北に行きたい」という希望を出したら、ちゃんと北九州放送局に行きましたから。

「よく希望を聞いてくれる」というのはブラックジョークでしたね。アナウンサーで採用された同期の中には研修中の態度が悪かった者がいたので、希望は無視されたのです。

その点、我々記者は研修の時の態度がよかったので、高知に行きたいといった同期は徳島に、徳島に行きたいといった者は高知に行きました。どうですか。微妙にずれてはいるけれど、正反対の場所には行かされなかったでしょ。それくらいには希望を聞いてくれたというわけです。

行きたい場所について、具体的な地名を出すと、若いくせに生意気ということで、絶対に希望通りのところに行かせてもらえないという話を聞いていたものですから、私はどうしようか、と考えました。

実は学生時代、貧乏旅行で全国を回ったのですが、島根と鳥取だけはまだ行ったことがありませんでした。沖縄は日本復帰前だったので、行ったことはありませんでしたが。どうせならこのどちらかに行きたいと思いました。とはいえ具体的な地名を出すと、けしからんと言われそうだったので作戦を練り、「西のほうの小さな町の放送局に行きたい」という希望を出します。

ほかの人はみんな都会に行きたがるわけです。札幌だとか、仙台だとか、名古屋とか大阪とか福岡とか、そういうところに行きたいという希望が多い中で、「小さな町の放送局に行きたい」なんて希望をする者はほかにいないのではないかと考えたのです。

大勢を採用したら、大都市ばかりに配属できるわけはありません。小さな局にも配属しなければならないので、人事部の人が頭を痛めている時に、自分からそんなところに行きたいという新人がいたのですから、人事部は大喜びだったはずです。

「君の希望はかなったよ」と言われ、島根県の松江放送局に赴任することに決まりました。

松江にいる間に鳥取にも出張したので、これで島根と鳥取にも行くことができ、日本中を踏破できたというわけです。

その後、ＮＨＫ時代に沖縄にも出張で行ったので、47都道府県を全部踏破したのです。

通信部への異動を希望

松江放送局には3年勤務しました。

地方の放送局は１００人くらいの人が働いていますが、自分はどちらかというと一匹狼なので、次第に全部ひとりでやるような仕事をしたいと思うようになりました。そこで今度は「山陽側の通信部に行きたい」という希望を出しました。

通信部というのは、県庁所在地から離れた山の中だったり、海辺だったり、そういう小さなところに住み込んで24時間３６５日、その地域で何か起きたらカメラを持って取材に行くという仕事です。

24時間365日拘束されるので、当然、労働条件がよくないわけです。今はこの仕組みはなくなりましたが。

労働条件のよくない通信部の記者は、放送局への転勤を希望しています。人事部としてはその希望をかなえてあげたいと思います。でも、その代わりに通信部に行きたいという人は、なかなかいないので、困っていたのでした。

そこに私のような若者が通信部に行きたいという希望を出したので、これもまた人事部は大喜びのはずです。

「君の希望はかなったよ」と言われ、広島県の呉通信部に赴任が決まりました。

松江で山陰側を経験したので、今度は山陽側をと希望していたので、さらに希望がかなったのでした。

当時のカメラは、ビデオではなくフィルム。それもゼンマイで巻いて動かすという時代ものです。ゼンマイが戻るまでの40秒しか撮影できないという代物です。自動焦点ではありませんから、自分で目分量で距離を測定します。距離の目盛りはメートル法ではなくフィート表示、頭の中でフィートに換算しながら焦点を合わせます。

さらにレンズは望遠、標準、広角と3つあり、切り替えながら撮影します。台風襲来の時はいい映像を撮影しようと、高波の近くまで行って撮影。ところがカメラに海水が入り、何も映っていないという失敗もありました。

呉は、かつて「仁義なき戦い」という映画の舞台になったほど、暴力団の抗争事件が相次いでいた時代がありました。私が赴任した時は、抗争事件こそ下火になりましたが、暴力団関係の取材もよくありました。

ある時、暴力団の組事務所開きが行われるという情報を知り、カメラを持って取材に行きました。街中に事務所が完成し、黒ずくめの男たちが大挙して祝いに駆けつけます。その様子を撮影に行ったのですが、さすがに心細くなり、新聞記者と一緒に出かけました。

ところが、ファインダーを覗いて夢中になっているうちに、いつの間にか黒ずくめの男たちに囲まれていました。

一緒に行った新聞記者は、私を見捨てて、さっさと逃げていたのです。

こんなことも、今になってみれば、いい思い出ばかり。こうして呉通信部で、3年間を過ごしました。

思いがけず夢がかなう

松江放送局や呉通信部など、あえて地方を志願し、そこで一生懸命やったことが認められたのでしょう。今度は東京の報道局社会部に行くことになりました。

そして、よりによって警視庁捜査一課担当です。殺人、強盗、放火、誘拐の専門記者になったのです。殺人事件が起きれば、すぐ現場に行きます。警察とほぼ同時に着くものですから、まだそこに遺体があることもしばしばでした。遺体が解剖に回されると、解剖している壁のこちら側でそれをずっと待っていることもあるような過酷な仕事でした。

警視庁担当記者の一番辛い仕事は「夜回り」です。捜査員が深夜自宅に帰って来るのを家の前で待ち、捜査の進展具合を少しでも聞き出そうとするのです。真冬に外でひたすら待つ仕事は辛いものでした。

そのあとは気象庁の担当です。台風が来ると、気象庁から台風中継をします。

その時、ふと気づきました。

「あれ、自分は中学校の時に、気象庁の予報官になりたいと思っていた。台風についての注意をみんなに呼びかけたいと思っていた。気象庁の予報官にはなれなかったけど、ＮＨＫの記者として気象庁から中継をしている。そして、台風についての注意を呼びかけている。ああ、自分の中学生の頃の夢がある意味でかなったんだな」

と、こう思ったのです。

そのあと今度は文部省を受け持ったり、宮内庁を受け持ったりしました。

首都圏のニュースキャスターを5年担当したあと、1994年から2005年までは「週刊こどもニュース」という番組を担当します。そして2005年にＮＨＫを辞めてフリーランスになりました。

辞めたあとに新聞に連載を持ちませんか、という依頼が来て、いくつかの新聞にコラムの連載をするようになりました。

ここでまた、ハタと気づきました。

「あれ、小学生の時に新聞記者になりたいと思っていた。新聞記者にはなれなかったけど、新聞にコラムを連載している」

と思ったのです。

結果的に、自分の夢がある意味ではかなったといえるということです。

先に私が中学生にぜひ夢を捨てないでほしいという話をしました。つまり、そのものずばりの夢はかなわないかもしれない。でも、ずっと夢を持っていると、ふと気がつくと似たような仕事をできていることがある、ということです。

私の場合、新聞記者になりたいという夢があったけれど、新聞記者にはなれませんでした。だけど外部の人間として新聞にコラムを持つことができるようになったわけです。もし新聞記者になっていたら、コラムは書けなかったんじゃないかと思います。新聞のコラムというのは、その新聞社の中で一番文章が上手な人が選ばれるので、とても競争率が高いのです。私は外部の人間だから連載を認められているということになります。

新聞社に入らなかったことによって新聞にコラムを書くことができるようになったり、あるいは気象庁の予報官になれなかったけれど、テレビで天気についての注意を呼びかけたり、ということができるようになりました。

ですから子どもの頃の夢をずっと持っていると、どこかでそれが花開くことがありうるんだということを、ぜひ考えてほしいなと思うわけです。

一生忘れられない光景

１９８３年（昭和58年）５月26日11時59分57秒、秋田県の能代市西方沖で大きな地震がありました。日本海中部地震です。

日本海は海が小さいので地震は起きても津波は起きないと、みんながなんとなく思い込んでいました。ところが、地震によって大津波が発生し、何の根拠もないことが示されたのです。

この地震で１０４人が亡くなります。そのうちの１００人は大津波で亡くなりました。

秋田県の男鹿半島加茂青砂海岸というところに遠足に行っていた小学生たちは波に飲まれてしまいます。山の中の小学生の子どもたちがバスを貸し切って先生と一緒に海に向かっていて、バスに乗っている時に大地震が起きたので、先生たちも大きな地震が起きたことを知りませんでした。

加茂青砂海岸に到着をして「さあ、ここでしばらく休憩です。海で遊んでいいよ」と先生は言います。

山の中の子どもたちはなかなか海辺で遊ぶことはないので、みんな大喜びで海辺の岩の上に乗ったりして遊んでいたところに、高さ十数メートルの津波がいきなり襲ってきたのです。

そこで遊んでいた子どもたちがあっという間に波に飲まれてしまいました。13人が亡くなるという大惨事です。

この時、私は東京に勤務していました。「大変だ、すぐに現地へ行け！」と言われ、飛行機で秋田県に飛び、現場に着いたのは深夜でした。

翌朝から遺体の収容作業が始まりました。山の子どもたちが大変なことになったというので、子どもたちの地元の消防団の人たちがみんな応援に駆けつけます。遺体の収容作業は消防団の人たちが担当しました。

海から子どもたちの遺体が上がると、地元の消防団の人たちには「あ、これは誰それさん家の何々君だ」ということがすぐわかり、両親が呼ばれます。近づくと、「検視しますから、こちらに来てください」と言って遺体を運びます。母親は泣きながらついていきます。

ところが、父親はついていこうとしないのです。それどころか海に背を向けて、防風林のほうへ歩いていきます。私は「あれ、何をしてるんだろう」と思って、そのあとをずっとついていきました。松の木の陰に隠れて気づかれないように、つけていったのです。

するとその父親は、誰もいないところで海に背中を向けて立ち尽くします。ふと見ると、肩が小刻みに上下しています。声を殺して泣いていたのです。「ああ、父親って悲しいな」と、その時、私は思いました。

我が子が死んだのですから、悲しいに決まっています。泣いてもいいのです。でも、小さい頃から「男は泣くもんじゃありません」という教育をずっと受けてきたのでしょう。悲しいけれど、泣くに泣けない。でも泣きたい。だから、人けのないところで泣いている、という父親の姿を見ました。今でも私はその姿を忘れることができません。

そのあとも別の父親がまったく同じ行動をとりました。

ああ、大きな地震が来れば津波が来る。津波が来ればこういう悲劇が起きるんだ、ということを私は忘れることができないのです。

その時、海から上がった子どもたちの顔を今でも覚えています。髪の毛が海水で濡れてべたっと額について、青白くてまるで眠っているかのような子どもたちの顔。

今でも私は忘れることはできません。

この大地震の時、NHKはテレビ、ラジオ、すべての放送を中断して、大津波警報を伝えていたのです。

子どもたちの事故があった加茂青砂海岸から離れた別の海岸では、たまたまラジオでそれを聴いていた人がいて、海辺で遊んでいる人たちに「おーい、津波が来るってよー。そこから離れろ」と呼びかけたそうです。

みんな半信半疑で何だかわからないけど、とりあえず海岸から離れます。そこに大津波がやってきて、避難した人たちは全員無事だったのです。

私はこの時、テレビやラジオの放送でリアルタイムに伝えることで、人の命を助けることもできるメディアなんだ、ということを知ったのです。

命を救える仕事

「週刊こどもニュース」は生放送でした。私はその経験以降、たとえば生放送中に、もし地震が起きたら自分は何を言うんだろうか？　と考えるようになりました。そのひと言によって人の命を助けることができるかもしれない、ということを考えるようになりました。

こんなこともありました。

２００１年9月11日、アメリカで同時多発テロが起こります。イスラム過激派が乗っ取った4機の飛行機のうち、２機がニューヨークの世界貿易センタービルというツインタワーに1機ずつ突っ込み、ビルが崩壊しました。

ビルに最初の飛行機が衝突してすぐにＮＨＫはニューヨークから生中継を始めます。世界貿易センタービルには、日本の銀行員が大勢働いていました。日本でＮＨＫの生放送を見ていた人の中に、ニューヨークに単身赴任してこのビルに勤めている人の奥さんがいました。彼女は慌てて、夫に電話。「お父さんのいるビルに飛行機が突っ込んだの。すぐ逃げて！」と伝えました。

ビルの中にいた人にしてみたら、突然ビルがどーんと揺れてそれっきりだったので、何が起きたかわかりません。みんなで顔を見合わせて「何があったんだろうね」と言いながら、仕事を続けていたそうです。

そこへ東京の妻から電話がかかってきて、「すぐ逃げて」と言われます。その男性は「何があったかわからないけれど、みんな、とりあえず逃げようか」と周辺の人たちを促します。

みんなで階段を歩いて降りて行き、ビルから外へ出た瞬間、ビルは崩れ落ちました。この事件によって世界貿易センタービルで働いていた日本人24人が亡くなりました。でも、日本からの電話で、とりあえず逃げた人たちは助かったのです。

私はテレビの生放送というのは、そういう力もある、とその時にも思ったのです。放送というのは場合によっては人の心を傷つけることもあります。誤報によってとんでもないことになった例もあります。

しかしその一方で、うまく使えば人の命を助けることもできる諸刃の剣なんだな、と思いました。

そして「そうか、自分の生きがいっていうのは、ここだったんだ」ということに気がつきました。

つまり、仕事を通じて人の命を助けることができるかもしれない。あるいは、何か自分の伝えたことによって人が喜んでくれるかもしれない。

あるいは、今私はニュース番組で、いろいろな難しいニュースを解説していますが、「池上さんのニュースを見て、ニュースがよくわかりました」と言ってもらえるのは、とっても嬉しいことです。それが自分の生きがいになったのです。働くとは、他人の役に立つこと。それを痛感したのです。

働くことでかなうこと

ある有名なお坊さんの言葉です。

「人間が喜ぶことはいくつかある。人間が喜ぶことの一つは人に愛されること。二つ目には、人から褒められること。三つ目は人から頼りにされること。そして、四つ目は人の役に立つこと」

人間の生きているうえで大事なことはこの四つだ、と言うのです。

人に愛されることは別にして、人に褒められる、人に頼りにされる、あるいは人の役に立つ……これは「働く」ということです。

自分が社会に出て働くことによって、たとえば、給料がもらえます。

なぜ給料がもらえるのかというと、働いて、みんなが喜んで買う商品を作ることができているからです。その商品が売れ、それが会社の収入になって、給料がもらえるわけです。

あるいは公務員になって給料がもらえるということは、その地域の人たち、あるいは日本国民のための仕事をしているから給料がもらえるわけです。つまり、これも人の役に立っているということになります。

あるいは警察官や消防士だったら、頼りにされるということにもなるわけです。サービス業だったら、目の前の人に何かサービスすれば、「ありがとう」とお礼を言われます。とても嬉しいことです。感謝されることが生きがいにもなります。

商品を作っているとお客さんと直接会う機会はあまりありませんが、でも商品が売れているということは、わざわざお金を出して買っている人がいるということなので、人の役に立っているということになります。

「自己実現」とは、自分自身を成長させ、自分の希望がかなうことではないでしょうか。

人が喜んでくれる、感謝されるということは、あなたが仕事で成長し、技術が高まったことによって得られたのです。

つまり、仕事で自己実現できたということです。

働くということは、そういうことではないかと思います。

お金を稼ぐということ

働くということは、お金を稼ぐことでもあります。

でも、悪徳商法というような、人を騙してお金儲けをする人もいます。「オレオレ詐欺」「振り込め詐欺」はその典型例です。

おばあちゃんを電話で騙して一生懸命、孫のためにためたお金をぶんどるということを、やっている悪い人がいるのです。そういう連中が逮捕された時には、ぶんどった何百万円というお金は、使い切っているということがほとんどです。

悪いことをした連中は、詐欺で騙し取ったり、ぶんどったりしたお金をみんなすぐに飲んだり食べたり遊ぶことにぱぁーっと使ってしまい、あっという間になくなっているのです。そのお金を大事にためておこう、コツコツためようということはしません。

それはやっぱり人間として悪いことをしているという実感がどこかにあるからです。悪いことをしてお金を騙し取って、とりあえずお金はある。だけどこのお金は悪いことをして取ったお金だから、早く使い切ってしまいたい、という心理が働くのでしょう。結果的に自分のところに残らないということになるわけです。

悪いことをして金儲けするというのは、一時的にはできるかもしれませんが、そんなことはずっと続けられるわけはありません。どこかで必ず警察に捕まってしまうということになります。悪いことをして金儲けをするとロクなことはありません。

そうではなく、何か人の役に立つような人に喜んでもらえるようなモノを作ったり、サービスを提供したりといったことをやることで、社会の中で自分は役に立っている、という自覚が得られます。これが生きがいです。

いろいろな仕事、働き方がありますが、自分が人の役に立つ、人に喜んでもらえるような仕事を選択するということが大事なことなんじゃないかと思います。

もしかしたら、それは今まだ生まれていない仕事なのかもしれません。これから仕事に就く若い人には、そういうことも含めて仕事選びをしてもらえればいいな、と思います。

人は社会の中でしか生きられない

人間というのは「社会的動物」です。当然、人間も生き物なのですが、特に社会的動物というのは、社会の中にあって初めて生きていくことができるということです。

『ロビンソン・クルーソー』という小説は、船が難破してロビンソン・クルーソーが孤島にひとり辿り着きます。

孤島でたったひとりで生活をしていくというこの小説は、たったひとりで生きているように見えますが、実際には難破した船に積み込んであった食料や機械、道具を使っています。

彼はひとりで畑を耕して、翌年食べられるものを育てるのですが、人間が作り出したさまざまなものがあることによって、生き延びることができるのです。

やがて、今度は奴隷とされた黒人がその孤島に流れ着きます。金曜日に流れ着いたので、彼はその男に「フライデー」という名前をつけ、2人で生活をするようになります。やがて、近くをたまたま通りかかった船に見つけてもらって、帰ることができるという話です。

たったひとり離れ島で生き延びたように見えますが、結局、人間が作ったいろいろな道具があることによって生き延びることができ、フライデーという人間が来たことによって話し相手ができます。2人の社会ができたわけで、このことによって、生き延びることができたのです。

たったひとり、孤独の中では生き延びることができなかったかもしれません。

人間は社会の中でしか生きることができないんだ、ということです。社会の中で働くことによって、誰かに喜んでもらう、あるいは頼りにされる、あるいは褒めてもらう、こんなに楽しいことはないんじゃないかと、私は思います。

働くということは、それだけの生きがいがあるんだということです。

第9章

働き方は生き方

ＮＨＫを辞めた理由とは

私は54歳の時、早期退職制度を利用してＮＨＫを辞めました。

当時ＮＨＫでは、定年の３年前に辞めれば早期退職制度で退職金が少し上積みされました。通常は60歳定年でしたが、私は役職に就いていたので57歳が定年でした。ですから54歳で早期退職制度を利用できたのです。

辞めようと思った理由で一番大きかったのは、ＮＨＫ内で解説委員になる可能性がないことを知ったからです。

私はＮＨＫに入った頃から、「いずれは解説委員になりたい」と思っていました。ＮＨＫの記者ですと、だいたい40歳くらいになるとデスクになります。デスクとは管理職で、社内にいて、取材に出かける記者に指示をしたり、記者が書いてきた原稿を直したりという仕事をします。いつも机に向かっている仕事という意味でデスクと呼ばれているようです。記者になりたかったということは、いつまでも現場に出て、人と会って取材する仕事に魅力を感じていたからです。でも、デスクで内勤になってしまうと、それができません。ただし、解説委員だけは、自分で取材し、自分でリポートすることも可能です。つまり「生涯一記者」を貫くことができるからです。

ＮＨＫでは毎年、「将来どんな仕事に就きたいか」という希望を提出させます。私はずっと「解説委員になりたい」という希望を出し続けていたのです。

ところがある時、廊下で解説委員長に呼び止められ、「お前、解説委員になりたいという希望を出しているけど、なれないからな」と言われてしまったのです。

それはどうしてか。解説委員はそれぞれ専門分野があるが、お前に専門分野はないだろう、というものでした。

解説委員は教育問題の専門家とか、中東問題の専門家とか、アメリカ政治の専門家というようにひとつの分野の専門家だというのです。

私は「こどもニュース」で何でも解説していましたから、「解説委員はひとりひとりが専門家なのに、お前は何でもやっているから専門性がない。だからお前は解説委員にはなれないからな」というわけだったのです。

ＮＨＫでの人生設計がガラガラと崩れた瞬間でした。

しばらくは落ち込みましたが、やがて、私には「いろいろなことを説明する」という専門性があるのではないかと思い直したのです。

「週刊こどもニュース」をやっているうちに、わかったことがありました。ニュースを伝える人や論評する人は大勢いるけれど、「ニュースを基礎からわかりやすく解説する」という人は、当時はいなかったのです。いわば「隙間産業」です。

今は「ニュースをわかりやすく解説する」という番組が増えました。でも、当時は皆無だったのです。

それなら、私ひとりくらいフリーランスになっても食べていけるのではないかと思ったのです。

私は記者ですから文章を書くのが仕事。テレビの仕事から離れて本を書くという活字の世界に憧れてもいました。フリーランスになってひとりで取材して本を書く仕事を始めたい。そう考えたらＮＨＫを辞めることに躊躇はなくなりました。

54歳で辞める段階で、出版社2社から1冊ずつ本を書かないかという話があったので、とりあえずこれで食べていけるかなと思って、辞めたのです。

フリーランスになると気が楽です、あれこれうるさく指示する上司もいません。私はＮＨＫでは社会部記者が長く、海外取材などほとんどなかったのですが、「こどもニュース」で海外ニュースを解説しているうちに、海外取材への希望が膨らんでいました。そこで早速イラン行きを計画しました。

今も中東イランは核開発をめぐって緊張した状態が続いていますが、２００５年当時、核開発疑惑がニュースになりつつありました。「これからいずれ大きなニュースになるだろう。その前にイランを見ておこう」と思ったのです。

ＮＨＫを辞めると、すぐに中東調査会に個人会員として入りました。中東調査会とは公益財団法人で、中東情勢の調査・研究などをしています。中東で仕事をしている企業や中東情勢に関心のある個人などによって支えられています。ここでイランのコーディネーターを紹介してもらい、航空券の手配からホテルの予約など全部自分で手配して、イランに出かけたのです。

その後はイスラエルやパレスチナにも身銭を切って個人で取材に行っていました。

ここでの取材の結果を週刊誌のコラムに連載したり、書籍にまとめたりしていたのです。

そんなことをしているうちに、私がＮＨＫを辞めたことを知った民放から出演の誘いが来るようになりました。

個人事業主として自分をブランディング

ＮＨＫを辞めてフリーランスになったということは、個人事業主としてやっていくということです。となると、今度は自分のブランドを意識するようになりました。自分のブランドとは何か。「信頼されるジャーナリスト」ではないか。そのためには、どうすればいいか。まずはコマーシャルには一切出ないことと決めました。

ＮＨＫを辞めたことが知られるようになると、いろいろなところからコマーシャルに出ませんかという話が来ました。魅力的な金額を提示してくれるところもありましたが、全部お断りしました。

ジャーナリストはコマーシャルに出てはいけないのです。もし特定の企業のコマーシャルに出ていて、その企業で不祥事があったら、どうでしょうか。コメントしにくくなるのではないでしょうか。

金融取引はどうでしょう。株を買ったり、外国為替取引をしていたりすると、どうでしょうか。「これから日本企業は成長軌道に乗るでしょう」とコメントし、もしそれで株が値上がりしたら、自分の利益に直結します。「今後、円安が進むでしょう」などとテレビでコメントしながら裏でドルを買っていたら、コメントを信じてもらえるでしょうか。

そう考えたら、普通預金くらいしかできなくなりますが、それがジャーナリストとして維持すべきモラルなのです。

また、政治家の後援会で講演してくれという話もありますが、全部お断りしています。特定の政治家と関係を持ったりしたら、以後、政治に関してコメントしても色眼鏡で見られかねないからです。

こういう態度をとっていれば、「桜を見る会」へのお誘いが来るはずがありませんし、選挙特番で政治家に厳しい質問をすることができるのです。

個人で仕事をしていくうえで、生き残るためには自分のブランドを大切にすることです。会社を辞めて起業したり、定年退職後に個人事業主として何かを始めたり、ボランティアとして地域に貢献したりと、いろいろな道があると思いますが、たとえお金や条件がよくても、自分が本当にやりたいことをするために、そのほかのことに手を出さないで我慢することも時には必要なのです。自分の価値を高める努力は、何歳になっても絶やしたくないですね。

大学で教えるということ

NHKを辞めて、しばらくは原稿を書いたり、テレビに出たりしていましたが、60歳になって、ハタと考えました。60歳とは還暦。還暦とは60年たって、干支が一回りし、自分が生まれた干支と同じになることから、元の暦に還る、という意味です。還暦のお祝いに、赤いちゃんちゃんこを贈るのは、「赤ちゃんに戻る」というわけです。

さて、これからどう生きていけばいいのか。考えましたね。

生まれてここまで来られたのは、もちろん両親のおかげですが、社会が私をここまで育ててくれたのも確かです。だったら、社会に恩返しをする番ではないか。そんなことを考え始めていたのです。

とはいえ、たいしたことはできない。それでも自分の持っている知識や経験を、若い人に伝えることはできるんじゃないかなと思っていた時に、ちょうど東京工業大学から「理系の学生に世の中のことを教えてくれませんか」というお話をいただきました。「それでは」ということで受けました。若い人を育てるお役に立てれば、まさに社会への恩返しになると考えたのです。

ところが、東工大で教え始めたら、名城大学や立教大学など他の大学からも依頼があって、今、9つの大学で教えています。そのうちの5つの大学では90分15コマ、あるいは100分14コマの講義をやって、試験をして、採点をして、2単位を与えるかどうかを判断するということをしています。計算してみたら、年間1000枚の答案用紙の採点をしていることになります。

大学は4月から9月の前期に講義を集中し、10月から3月は海外取材に行くというのが私の年間スケジュールです。大学の講義に支障がない程度にテレビに出ているのです。

２０１８年6月に米朝首脳会談がシンガポールで開かれた時、現地に行ってほしいと2つのテレビ局から話があったのですが、シンガポールに行くと名城大学と愛知学院大学の講義を休講しなくてはいけないので断りました。今は大学の講義を最優先に考えています。

現在、私の仕事の優先順位はまず大学で、それから執筆、取材、テレビ出演の順です。ＮＨＫを辞めたのは、民放テレビに出るためではありません。取材をして本を書きたかったという理由でしたし、今は大学教授として学生に教えることを大事に思っています。1日の平均睡眠時間は5時間くらいですが、とても充実した日々です。

ただ、２０２０年の春は全部の大学の講義がリモートになってしまって、学生諸君の顔を直接見ることができないままだったのが心残りでした。

どうやって知識をアップデートするか

よく、「池上さんは、どうやって情報や知識をインプットしているのですか?」と聞かれます。そのコツはアウトプットを意識することです。アウトプットを意識すると、インプットができるのです。

ただ本を読んでいても頭になかなか入らないことが多いですが、どうやったら本の内容を学生にわかるように説明したらいいかとか、子どもにわかるようにするにはどうしたらいいんだろうかという意識を持って読むと、難しい専門書でも内容が面白いように頭の中に入ってきます。

アウトプットを意識しないで本を読んでいると、読み終わってもすぐに忘れてしまいます。しかし、たとえば読書会に参加することが決まっていて、読んだ感想をみんなで話し合うことになると、何か発言しなければなりません。そうなると、内容がしっかり頭に入ります。アウトプットを意識することはとても大事だと思います。

私は今、新聞を13紙読んでいますが、「この説明わかりにくいよな」と気づけば、「この部分をわかりやすく解説すればいいのだ」というヒントになります。

また、読んでいてわからないことが出てきたら、そのわからないことを徹底的に調べます。それをきちんとやれば、そのあとは新聞の見出しを見ただけで「あー、これはこうだよね」ということがわかるようになります。

たとえば今回の新型コロナウイルスの感染拡大。実は2009年に新型インフルエンザが流行った時に、インフルエンザウイルスとはどんなものか、ウイルスと細菌は何が違うのかということを、徹底的に勉強していましたので、「ウイルスとは何か」をすぐに解説できました。

いつもアウトプットのためのインプットをして、学生や、私の本の読者、テレビの視聴者にわかりやすく伝えることを私の仕事としています。

働き方は生き方

東工大での講義では、四日市ぜんそくとか、イタイイタイ病とか、必ず1回は高度成長時代の公害病の話をしています。とりわけ力を入れて解説するのが水俣病です。

1956年に熊本県水俣市で発生が確認された水俣病は、チッソ水俣工場からの廃水に有機水銀が含まれていて、プランクトンを経て魚の体内に蓄積。魚を食べた住民たちが中枢神経を侵された公害病です。

当初は原因不明の「奇病」として扱われ、患者たちは差別を受けました。しかし、チッソ水俣工場で働く技術者やチッソ附属病院の医師などは、廃水が原因だとうすうす知っていたのではないかと言われています。

しかし、そんなことを認めたら、チッソは大打撃を受けます。それを心配して、多くの人が黙っていたのです。その間にも患者は増え続けました。

水俣に行くとわかりますが、JRの駅前にチッソ水俣工場の入り口があって、チッソ水俣工場の城下町といった感じです。そしてチッソだけでなく、チッソの社員を相手にした飲食業とか系列会社などが、莫大な法人住民税を払っています。そこで水俣市がチッソ水俣工場は危険な廃水をしているなんてことを摘発してチッソの経営が傾くと、水俣市の財政は大きな影響を受け、それが水俣市だけでなく、熊本県にも及びます。

ですからチッソ水俣工場が何かおかしいと思いながら、誰も口に出さなかったのです。

結果的に、ずっと患者が出続けました。

この話をしたうえで、私は学生たちに問いかけます。

「君たちがこれから企業に入って、東南アジアなり南米なりに派遣されて、そこの工場で働いていたとしよう。工場から出る廃水が流れ込む川の下流で、もし住民に健康被害が出ていることがわかったら、君たちはどうするのかな?」

こう問いかけると、みんなシーンと静まりかえります。急に他人事ではなくなり、技術者としての生き方の問題になるのです。

やはりこういうことを忘れず、働いてほしいと思います。

働き方は、個人の信念の問題にもなると、私は考えています。告発すると自分のクビが危ない、あるいは会社が傾くかもしれない。でも、ずっと隠し続け、黙っていることで患者が増え続けるかもしれない。

いずれ事実が明るみに出た時、企業は大打撃を受けます。早期に告発して原因を取り除けば、患者も少なくて済むし、企業も立て直すことができるはずです。

もちろん自分へのリスクはあるわけですが、自分は人間としてどう生きるのか、ということを問いかけてみる。

あるいは、いずれ会社人生を終えた時に、「あぁ、いい会社人生だった」「いい職業人生だった」と振り返れるかどうか。

それが大事だと私は思います。

働くということは誰かの役に立つという喜びであり、生きがいです。どんな働き方をするかというのは、その人自身の生き方と同じなのではないでしょうか。誇りを失わない働き方を、ぜひしていただきたいと思います。

あとがき

この本は、将来どんな働き方をすればいいのか、悩み多き若者たちに向けてのメッセージです。自分自身の働き方を振り返りながら書いてきました。いかがでしたか。

この本の仕掛け人は徳間書店の編集者である武光亜希子さんです。熱心な依頼に負けてしまい、働き方の本に取り組むことになりました。退陣してしまった安倍内閣は、「働き方改革」に熱心でしたが、それはなぜなのか。そんな謎解きもしながら「コロナの時代の働き方」をまとめることができました。

また、本の形にするに当たって、小西眞由美さんにお世話になりました。感謝しています。

2020年10月

ジャーナリスト　池上　彰

本作は2019年11月に立川市立立川第五中学校で行われた公開授業をもとに、加筆・編集し、まとめたものです。

［編集］
武光亜希子

［編集協力］
春燈社　小西眞由美

［写真］
松山勇樹

［デザイン］
野村高志+ KACHIDOKI

池上 彰（いけがみ・あきら）

1950年長野県生まれ。慶應義塾大学卒業後、1973年にNHK入局。報道局社会部でさまざまな事件を担当。94年より11年間、「週刊こどもニュース」のお父さん役として活躍。2005年にNHKを退社、フリージャーナリストとして多方面で活躍。16年４月から名城大学教授、東京工業大学特命教授。愛知学院大学、立教大学、信州大学、関西学院大学、日本大学、順天堂大学、東京大学などでも講義する。「伝える力」シリーズ（PHP新書）、「おとなの教養」（NHK出版新書）、「池上彰のそこが知りたい！ロシア」（徳間書店）など著書多数。

私たちはどう働くべきか

第1刷　2020年10月31日

著　者　池上 彰

発行者　小宮英行
発行所　株式会社 徳間書店
〒141-8202　東京都品川区上大崎3-1-1
目黒セントラルスクエア
電話　［編集］03-5403-4379
［販売］049-293-5521
振替　00140-0-44392

印刷・製本　大日本印刷株式会社

ISBN978-4-19-865178-7